世界のスパイス&ハーブ料理

各国の食卓を再現するおいしいレシピ集

ミラ・メータ著

はじめに

昔から人はおいしいものを求めています。
時代が変わってもそれは変わることはありません。
世界中の人々が、それぞれの国で手に入る食材を上手に使い、
おいしい料理を作っています。
「その土地で手に入るものを使う」という制限が、
かえって、その国々の人々の知識と知恵になり、
食文化を形成していきます。
そんな各国のおいしい食卓を日本で楽しめたら、
それはとても幸せなことです。

日本では、食べられない国の料理はないと言っても過言ではないほど、
世界各国の料理を提供するレストランが増えました。
それに、日本の皆さんの世界の食に関する知識も、
私が日本に来たころに比べると、驚くほど豊富になりました。
近所のスーパーでは手頃な値段でスパイスやハーブ、
海外の食材や調味料が手に入るようになりました。

この本は、日本の皆さんが、今よりもさらに
スパイスやハーブと仲良くなり、レストランだけでなく、
家庭でも世界中のおいしい料理を作って、味わって、
楽しんでもらいたいという思いで書きました。
初めて使うスパイスやハーブ、調味料があり
戸惑うかもしれませんが、怖がらずに新しい味に
出合う旅をしましょう。そして自分なりの味を見つけて、
料理のレパートリーを増やし、作る楽しみを感じてください。

スパイスとハーブはとても体にいいものです。
健康のためにもスパイスとハーブを
日々の料理に取り入れてくださいね。

ミラ・メータ

- 02 はじめに
- 06 世界のスパイス
- 08 世界のハーブ

中国 10 2種のワンタンと2種のソース

12 ミラ・メータの麻婆豆腐
　　丸ごとかぶの中華スープ

ベトナム 14 五香粉ミートボール

マレーシア 16 丸ごと蒸し魚の香油がけ

インドネシア 18 スパイシーひき肉入りオムレツ

20 2種のサテとピーナッツソース
　　ほうれん草とうずら卵の炒めもの（P.86）

タイ 22 スイートサワーフィッシュ

24 ホタテとアスパラガスの炒めもの
　　ココナッツミルクと魚介のスープ

26 あさりのチリソース炒め
　　野菜のココナッツミルク炒め

ミャンマー 28 ミャンマーの豚肉カレー
　　レインボーサラダ（P.86）

インド 30 ビーフアーモンドカレー
　　ナッツピラフ
　　パイナップルのチャツネ（P.87）

32 アジのカレー
　　ミントのピラフ
　　香菜とミントのチャツネ（P.87）

34 チキンビリヤニ
　　ズッキーニのライタ（P.87）
　　トマトのチャツネ（P.88）

36 ラムチョップソテー ほうれん草ソース
　　ゴーヤーのサブジ

トルコ	38	ファラフェル フムス タヒニディップ（P.88）
	40	アナトリアンチキン ハーブライス トルコ風ポーチドエッグ（P.88）
	42	グリル・キョフテ ヒヨコ豆とレンズ豆のスパイススープ ババガヌーシュ（P.89）
ギリシャ	44	ギリシャ風キッシュ スイカとフェタチーズのサラダ（P.89）
	46	ムサカ
	48	牛肉のハーブソース煮込み ほうれん草とレモンのスープ
モロッコ	50	羊肉とさつまいものタジン オレンジとデーツのサラダ
	52	野菜とフルーツ、ナッツのクスクス シナモンフィッシュケーキ スパイシービーンディップ（P.89）
ナイジェリア	54	ジョロフチキンライス チキンホットペッパースープ
イタリア	56	鶏レバーのサラダ トスカーナ風豆のスープ
	58	スパイシーラザニア なすとレモン、ケイパーのサラダ（P.90）
	60	ほうれん草、ハーブ、リコッタチーズのニョッキ 米なすの詰め物（P.90）
フランス	62	鶏とピスタチオのパテ パンデピス
	64	レモン風味の丸鶏ロースト 野菜のバルサミコ酢ソテー

スペイン	66	野菜のフリッター チョリソーのスペイン風煮込み
イギリス	68	シェパーズパイ セロリとスティルトンチーズのスープ（P.91）
	70	ビーフウェリントン
アメリカ	72	カントリーミートローフと芽キャベツのソテー
	74	鶏とエビのジャンバラヤ
	76	クラブケーキ スモークサーモンのライスサラダ
メキシコ	78	豚肉とパイナップルの炒め物 メキシカンライス リフライド・ビーンズ（P.91）
	80	ファヒータと2種のソース
	82	ピカディーヨ 焼きバナナ添え
	84	鯛のスパイシートマト煮 オクラのクレオール風

92	スパイス料理の名脇役
94	スパイス料理のQ&A

＊料理の国名表記は、その料理が食べられている代表的な国を示したもので、その国だけで食べられていることを示すものではありません。

＊日本のスーパーで手に入りにくい材料であっても、レシピには原則その国で用いられている材料を表記しました。ほかの材料で代用できるものは、その旨を＊で記載しています。

世界のスパイス

世界中で使われている代表的なスパイスを紹介。

― 香りづけのための粒や葉 ―

1 黒胡椒 Black Pepper Seed
強い香りが生臭さを取り、食欲を刺激するとともに、消化を促す作用がある。

2 コリアンダーシード Coriander Seed
柑橘類に似た香りがあり、甘みもある。風味が穏やかなのでたくさん使ってもかまわない。

3 カルダモン Cardamon
甘い香りがある。消化を助ける作用やリラックス効果がある。料理だけでなくデザートや飲み物にも使う。

4 クミンシード Cumin Seed
強い独特の香りと、甘い風味がある。消化を促すとともに、腸の働きを整える作用がある。

5 クローブ Clove
強い香りと独特の甘い風味があり、殺菌作用がある。肉料理によく使う。少量で強い作用があるので使い過ぎに注意。

6 マスタードシード Mustard Seed
ぴりっと辛い風味がある。体を温め、消化を助ける作用がある。イエローは西洋で、ブラウン・ブラックは東南アジアでよく使われる。

7 サフラン Saffron
クロッカスの雌しべを乾燥させた物で、際立った香りと甘みを持つ。血液の循環をよくし、おもてなし料理やデザートに使われる。

8 シナモンスティック Cinnamon Stick
甘い風味がある。体を温めるとともに、消化を促す作用がある。ニッケイという木の樹皮で、割って料理、デザート、飲み物に使う。

9 ベイリーフ Bay Leaf
月桂樹の葉。加熱することで独特の甘い香りを出し、食欲を促す効果がある。ローリエ、ローレルとも呼ばれる。

10 八角 Star Anise
強い甘みと僅かな苦みと辛みがある。下味や香りをつけ、肉や魚の臭みを取る。少量で強い作用があるので使い過ぎに注意。スターアニスとも呼ばれる。

11 赤唐辛子 Red Chilli
油で炒めると刺激的な辛みと香りが出る。
血行をよくし、食欲を増進する。

12 山椒／花椒
Japanese Pepper / Chinese Pepper
辛みが強い清涼感のある香りと
鮮烈な辛みをもつ。肉や魚の臭みを取る。
中国の山椒である花椒は山椒よりもさらに
辛みと芳香が強い。

13 フェンネルシード Fennel Seed
甘い香りと、少しの苦みがある。
消化促進・消臭に効果があるため、
インドでは食事後の口直しとしても食べられる。

— 味つけのための粉 —

14 ターメリックパウダー Turmeric Powder
鮮やかな黄色のインド料理に欠かせないスパイス。
樹皮の香りと苦みを持つ。
消化促進・抗菌作用があり薬としても使われる。

15 コリアンダーパウダー Coriander Powder
やや苦みのあるスパイス。穏やかで、さわやかな
風味をつけるとともに、カレーにとろみを出す。

16 クミンパウダー Cumin Powder
クミンシードを粉にしたもの。
甘い風味で料理の味をまろやかにし、
カレーなどにとろみを出す。消化促進作用がある。

17 レッドチリパウダー／パプリカ
Red Chilli Powder / Paprika
レッドチリパウダーは赤唐辛子の粉で
強い辛みがありビタミンCが豊富。
パプリカは辛みのない唐辛子の粉で、
赤色の着色と香りづけに使われる。

18 ナツメグパウダー Nutmeg Powder
独特の甘い芳香があり、肉や魚の臭み取りに
使われるほか、焼き菓子にもよく使われる。

19 シナモンパウダー Cinnamon Powder
シナモンスティックを粉にしたもの。
甘い香りで、料理のほか、紅茶やデザートに
よく使われる。体を温める作用がある。

世界のハーブ

日本で手に入る代表的なハーブを紹介。

1 バジル Basil
かぐわしくほのかな甘い香りが特徴。様々な品種があるが、主にイタリア料理でよく使われるスイートバジルが主流。トマトとの相性がいい。

2 ローズマリー Rosemary
清涼感のある強い香りとほろ苦さが特徴。消臭効果や抗菌作用があり、肉の臭みを取る。

3 セージ Sage
さわやかな香りが特徴。肉や魚の臭みを取ったり、刻んで肉料理に加えたりして使うことが多い。料理のほか、飲み物にも使われる。

4 タイム Thyme
清々しい香りがあり、殺菌力が高いのが特徴。肉・魚料理の臭み取りや香りづけ、煮込み料理や、スープ、野菜料理など用途はとりわけ広い。

5 ミント Mint
清涼感のある、さわやかで甘い香りが特徴。体を冷やす作用がある。薬味やミントティー、ミントソースなどにも使う。

6 パセリ Parsley
さわやかな香りと苦みが特徴。葉は料理のつけ合わせに、茎は香りづけや臭み取りに使われる。古代ローマ時代より使われている歴史の古いハーブ。

7 オレガノ Oregano
清々しい香りとほのかな刺激が特徴。肉の臭みを取る。トマトやチーズと相性がよく、イタリア料理には欠かせないハーブの1つ。

8 ディル Dill
すっきりとした香りが特徴。酸っぱい料理や、サーモンなどの魚料理と相性がいい。北欧料理に欠かせないハーブ。消化促進作用がある。

9 レモングラス Lemon Grass
名前の通りレモンに似たさわやかな風味が特徴。
魚介類と相性がよく東南アジアで広く使われている。
ほかにハーブティーにも使う。

10 青唐辛子 Green Chilli
ピリッとした強い辛みが特徴。
加熱して料理に使うほか、食卓で薬味として生のまま食べる。

11 しそ Perilla
さわやかでほのかに甘い香りが特徴。
料理の薬味として用いられることが多い。
赤じそと青じそがある。青じそは大葉とも呼ばれる。

12 生姜 Ginger
強い香りと、ピリッとした刺激的な味が特徴。
消化を促す作用と体を温める働きがある。
古くから中国やインドを中心に料理に使われている。

13 わさび Wasabi
鼻に抜ける清涼感のある辛みが特徴。
日本を代表するハーブで、
世界的にも Wasabi の名で親しまれている。

14 にんにく Garlic
生は独特の強い香りと刺激的な味が特徴。
肉や魚の臭みを取り、うまみを出す。
抗菌作用がある。

15 香菜 Coriander Leaves
独特の強い香りが特徴。生の状態で薬味や
葉菜として使われるほか、茎や根は煮込み料理にも
使われる。コリアンダー、パクチーとも呼ばれる。

中国

2種のワンタンと2種のソース
2 Kinds of Wontons with 2 Types of Sauces

サクッと揚げた鶏ワンタン、プリッと蒸した豚ワンタンを、梅と醤油の絶品ソースで楽しむ。

材料（4人分／40個分）

ワンタンの皮	40枚
小麦粉(糊用)	適量
揚げ油	適量
香菜	適量

[鶏ワンタンのあん（20個分）]

鶏ひき肉	150g
長ねぎ(みじん切り)	1/4本分
香菜(みじん切り)	小さじ1
すり胡麻(白)	小さじ1
レッドチリパウダー	ひとつまみ
胡椒	少々
醤油	小さじ1/2

[豚ワンタンのあん（20個分）]

豚切り落とし肉(細切り)	200g
玉ねぎ(みじん切り)	1/2個分
しいたけ(みじん切り)	3個
にんにく(みじん切り)	1片分
生姜(みじん切り)	小指大1片分
胡椒	少々
醤油	小さじ1
片栗粉	小さじ1/4
胡麻油	小さじ1/2

[梅ソース]

梅肉ペースト	小さじ1/2
チリソース	小さじ1/4
米酢	小さじ1
醤油	大さじ1

[醤油ソース]

醤油	大さじ2
チリソース	小さじ1/2
すり胡麻(白)	少々
砂糖	小さじ1/4
米酢	小さじ1

1 ［鶏ワンタンのあん］［豚ワンタンのあん］の材料をそれぞれボウルに入れ、粘りが出るまで手でこねる。

2 鶏ワンタンは皮の中央にあんをのせ、水で溶いて糊状にした小麦粉をふちにつけて三角にたたみ、三角形の両端をワンタンの中心で重ね合わせる。重ねた部分は指で押さえてしっかりとめる。

3 豚ワンタンは皮の中央にあんをのせ、包み込むようにし、ふちをきゅっとねじってとめる。

4 鶏ワンタンは180℃に熱した油でカラッときつね色になるまで揚げる。

5 豚ワンタンは蒸気の上がった蒸し器に入れ、弱めの中火で5分ほど蒸す。

6 2種のソースの材料を、それぞれよく混ぜる。

7 ワンタン、ソースをそれぞれ器に盛りつけ、香菜と一緒に、お好みのソースにつけて食べる。

中国

ミラ・メータの麻婆豆腐 Mira's Mapo Dofu

山椒の刺激に心地よい酸味がご飯を誘う、ミラ・メータの黄金レシピ配合。

材料（4人分）

木綿豆腐	1丁（約350g）
豚ひき肉	120g
長ねぎ（みじん切り）	1/4本分
にんにく（みじん切り）	2片分
生姜（みじん切り）	親指大1片分
鷹の爪	2本
豆板醬	大さじ1/2
A ┌ 甜麺醬	大さじ1
｜ 山椒パウダー	小さじ1/4〜1/2
｜ 五香粉*	小さじ1/2
｜ 醤油	大さじ1
｜ 日本酒	大さじ1
└ 米酢	大さじ2
片栗粉	小さじ2
サラダ油	大さじ2
胡麻油（仕上げ用）	大さじ1
水	100ml
香菜（みじん切り/飾り用）	適量
松の実（飾り用）	10個

＊五香粉はシナモンやクローブなどの粉末をブレンドしたミックススパイス。
市販のものを使ってもいいが、家でつくるより香りを楽しめる。
作り方はP.14を参照。

1 豆腐は水気を取り、1.5cm角のさいの目に切る。

2 [A]の材料を混ぜておく。

3 フライパンにサラダ油を熱し、鷹の爪、長ねぎ、にんにく、生姜を入れる。香りが出るまで弱火でじっくり炒めたら、豆板醬を加えてさっとなじませる。

4 ひき肉を入れて色が変わるまで炒めたら、2を加え全体がなじむように混ぜる。

5 豆腐と水を入れ、ひと煮立ちさせたら、大さじ1½の水で溶いた片栗粉を回し入れてとろみをつける。

6 仕上げに胡麻油を回し入れ、さっと全体をかき混ぜて器に盛る。上に香菜、松の実を散らす。

アレンジ 豚ひき肉の代わりに、しいたけのみじん切りを使ってベジタリアン仕立てにしてもおいしい。

丸ごとかぶの中華スープ Turnip & Leaves Soup

消化にいいかぶを、丸ごと葉っぱまで使った甘酸っぱいスープ。

材料（4人分）

かぶ（葉つき）	2個
長ねぎ（みじん切り）	1/4本分
にんにく（みじん切り）	1片分
生姜（みじん切り）	小指大1片分
黒胡椒（粒）	4〜5個
A ┌ クコの実	大さじ2
｜ 山椒パウダー	小さじ1/4
｜ 醤油	大さじ1/2
└ 米酢	大さじ1
片栗粉	大さじ1
サラダ油	大さじ1
水	400ml

1 かぶは皮をむき、8等分のくし形に切る。かぶの葉は細かく刻む。

2 鍋にサラダ油を熱し、長ねぎ、にんにく、生姜、黒胡椒を入れ、香りが出るまで弱火でじっくり炒める。

3 かぶの葉を加えてさっと混ぜ合わせたら、水を加えて中火で熱する。

4 煮立ったら弱火にし、かぶと[A]の材料を入れ、ふたをして10分煮る。

5 大さじ1½の水で溶いた片栗粉を回し入れて、とろみをつける。

上から順に、[丸ごとかぶの中華スープ]、[ミラ・メータの麻婆豆腐]

ベトナム

五香粉ミートボール
5 Spiced Meatballs

エキゾチックなスパイスが香るミートボールを、香ばしいピーナッツソースで。

材料（4人分）

[ミートボール]

豚ひき肉（牛、羊でも可）	500g
エシャロット（みじん切り）	1/2個分
にんにく（みじん切り）	2片分
A　生姜（すりおろし）	小指大1片分
香菜（みじん切り）	大さじ2
ターメリックパウダー	小さじ1/2
レッドチリパウダー	小さじ1/4
五香粉*1	小さじ2
ナムプラー	大さじ2
塩、胡椒	各小さじ1/2
パン粉	1カップ
胡麻油	小さじ4
香菜（飾り用）	適量

[ピーナッツソース]

ローストピーナッツ（細かく砕いたもの）	1/4カップ
赤唐辛子*2（生／みじん切り）	1本分
にんにく（すりおろし）	2片分
生姜（すりおろし）	小指大1片分
ココナッツミルク	大さじ3
海鮮醤*3	大さじ2
ナムプラー	大さじ1
砂糖	小さじ1/4
醤油	小さじ1/2
米酢	大さじ2
水	100ml
ピーナッツ油（胡麻油でも）	小さじ2

*1　五香粉はシナモンやクローブなどの粉末をブレンドしたミックススパイス。作り方はアレンジを参照。

*2　手に入らない場合は、乾燥の赤唐辛子の種を取り除いたもので代用。辛みをあまり出したくない場合は赤ピーマンで代用できる。

*3　海鮮醤は胡麻やにんにく、八角などをブレンドした広東風甘味噌。大型スーパーの中華食材コーナーで手に入る。

1　フライパンに胡麻油小さじ2を熱し、エシャロット、にんにくを入れる。透き通るまで弱火で炒めたら、火を止めてあら熱を取る。

2　ボウルに1とひき肉、[A]の材料を入れ、粘りが出るまで手でこねたら、ラップをして冷蔵庫で30分休ませる。

3　ピーナッツソースをつくる。小さめの鍋にピーナッツ油、赤唐辛子、にんにくを入れ、香りが立つまで弱火で炒めたら、残りの材料をすべて加え、とろみが出るまで煮詰める。

4　2をピンポン玉くらいの大きさに丸める。

5　フライパンに胡麻油小さじ2を中火で熱し、ミートボールを並べる。転がしながら全体に焼き色をつけたら、ふたをして弱火にし、中まで火を通す。焼き上がったら、器に盛り香菜を散らす。ピーナッツソースは別皿に入れ、ミートボールに添える。

アレンジ：五香粉の作り方

五香粉は市販のものを使ってもいいが、家でつくるより香りが楽しめる。

花椒（粒）	大さじ2
八角	3個
フェンネルシード	小さじ2
シナモンスティック	1/2本
クローブ（粒）	6個

上記の材料をフライパンに入れ、弱火でから煎りする。香りが出て、表面がパリパリと乾燥してきたら火を止めあら熱をとってからミキサーにかけて粉末状にする。瓶に入れて2〜3カ月の保存が可能。

 マレーシア

丸ごと蒸し魚の香油がけ
Flavored Whole Steamed Fish

蒸したての魚に、熱々の香油をジュワッとかけて。豪快かつシンプルな一皿。

材料（4人分）

- スズキ……………………… 1尾
  （塩、胡椒 各少々）
- しいたけ（薄切り）…………… 4個分
- 長ねぎ（白髪ねぎ）…………… 1/2本分
- 赤唐辛子*（生/細切り）……… 1本分
- 生姜（せん切り）…………… 親指大1片分
- レッドチリパウダー………… 小さじ1/4〜1/2
- 醤油………………………… 大さじ1
- ピーナッツ油（胡麻油でも可）…… 大さじ1/2

＊手に入らない場合は、乾燥の赤唐辛子の種を取り除いたもので代用。
辛みをあまり出したくない場合は赤ピーマンで代用できる。

1 スズキはうろこ、えら、はらわた、尾びれ、背びれを取り、よく洗って水気を取る。スズキの両面に3カ所ずつ切り目を入れ、塩、胡椒を振って下味をつける。

2 ボウルに、しいたけ、長ねぎ、赤唐辛子、生姜、醤油大さじ1/2を入れて混ぜる。

3 大きな皿に2の1/3の量を広げ、その上にスズキをのせ、残り2/3を上にのせる。

4 蒸気の上がった蒸し器に皿ごと入れて、中火で15〜20分蒸す。

5 蒸し上がる直前に、鍋にピーナッツ油を熱し、レッドチリパウダーを入れてさっと混ぜたら火を止める。醤油大さじ1/2をはねないように注意しながら加え、再び火をつけて混ぜる。

6 蒸し上がった4を器に盛り、熱々に熱した5をジュワッとかける。

> **アレンジ** 魚はスズキ以外に、鯛やイサキなど、季節の白身魚でもおいしい。

インドネシア

スパイシーひき肉入りオムレツ
Omelets with Meat Filling

ナッツのアクセントが楽しいスパイシーなひき肉炒めを、薄焼き卵で巻いて。

材料（4人分）

[ひき肉炒め]

牛ひき肉	250g
玉ねぎ（みじん切り）	小1個分
にんにく（みじん切り）	2片分
アーモンド（刻んだもの）	10個分
カー*1（みじん切り）	親指大1片分
クミンパウダー	小さじ1/2
A コリアンダーパウダー	小さじ1
ターメリックパウダー	小さじ1/2
シュリンプペースト*2	小さじ1/2
砂糖	少々
ココナッツミルク	大さじ3
塩	小さじ1
サラダ油	大さじ1

[薄焼き卵]

卵	4個
塩	小さじ1/2
胡椒	少々
サラダ油	適量

*1 カーは、英名でガランガルとも呼ばれる生姜の一種で、日本の生姜よりも香りが強い。皮を厚くむいてから使う。インドネシアはもちろん、東南アジアで広く使われている。手に入らない場合は生姜でも代用できる。

*2 シュリンプペーストは東南アジアで使われるオキアミやエビに塩を加えて発酵させた固形の魚醤の一種。日本ではタイ産の「カピ」と呼ばれるシュリンプペーストが輸入食材店で手に入りやすい。

1 ひき肉炒めをつくる。
フライパンにサラダ油を熱し、玉ねぎとにんにくを入れて、透き通るまで弱火で炒める。

2 ひき肉と[A]の材料を加え、
肉がだんご状にならないよう、ほぐしながら炒める。

3 ひき肉に火が通ったら、ココナッツミルクと塩を加えて2〜3分炒めたら、火を止める。

4 薄焼き卵をつくる。
ボウルで卵をよく溶き、塩、胡椒を加えて混ぜる。

5 フライパンに油を熱し、
4の卵液の1/4を流し入れ、弱火で焼く。

6 卵に8割ほど火が通ったら火を止めて、3の1/4を卵の中央にのせ、フライ返しで両端から巻く。
これを全部で4個つくる。

7 器にお好みでサニーレタスを広げ、
その上に半分に切ったオムレツを盛る。

アレンジ　肉は、鶏や羊など、お好みのものでいい。

インドネシア

2種のサテとピーナッツソース
Chicken & Beef Satay with Peanut Sauce

東南アジアで広く食べられているスパイシーな串焼き。ピリ辛ピーナッツソースをつけて。

材料（4人分）

[ビーフサテ（12本分）]

牛肉切り落とし（羊でも可） ……… 450g
A:
- 長ねぎ（みじん切り） ……… 1/4本分
- カシューナッツ（細かく砕いたもの） …… 大さじ2
- にんにく（すりおろし） ……… 1片分
- 生姜（すりおろし） ……… 親指大1片分
- クミンパウダー ……… 小さじ1
- コリアンダーパウダー ……… 小さじ1
- ターメリックパウダー ……… 小さじ1/4
- レッドチリパウダー ……… 小さじ1/4
- 砂糖 ……… 小さじ1
- 醤油 ……… 大さじ1
- 米酢 ……… 小さじ1

[チキンサテ（12本分）]

鶏ささみ（一口大に切ったもの） ……… 300g
B:
- ローストピーナッツ（細かく砕いたもの） …… 大さじ1
- にんにく（すりおろし） ……… 小さじ1
- 生姜（すりおろし） ……… 小さじ1
- コリアンダーパウダー ……… 小さじ1
- ターメリックパウダー ……… 小さじ1/2
- ナムプラー ……… 小さじ1/2
- ホットチリソース ……… 小さじ1
- レモン果汁 ……… 1/2個分
- 砂糖 ……… 小さじ1/2
- 醤油 ……… 大さじ2

[ピーナッツソース]

- ローストピーナッツ ……… 1/4カップ
- にんにく ……… 1片
- ナムプラー ……… 小さじ1
- ホットチリソース ……… 小さじ1/2
- 砂糖 ……… 小さじ1
- 醤油 ……… 大さじ1

1 竹串24本を水に約30分つけておく*。ビーフサテの[A]、チキンサテの[B]の材料をそれぞれボウルに入れ混ぜる。

2 牛肉と鶏肉をそれぞれのボウルに入れて、手でよくもみ込む。ラップをして冷蔵庫で1時間以上なじませる。

3 竹串に肉を刺す。竹串で縫うようにジグザグに刺していくと取れにくい。

4 フライパンにサラダ油を適量（分量外）熱し、サテの全面に焼き目がつくまで焼く。

5 ピーナッツソースの材料をすべて一緒にミキサーにかけてペースト状にする。刃が回らない場合、水を少々加えると作業しやすい。ピーナッツソースは別皿に入れ、サテに添える。

＊竹串を水につけておくと、肉を串にスムーズに刺すことができ、また、焼いたときに竹串が焦げにくくなる。

[ほうれん草とうずら卵の炒めもの]のレシピは P.86 参照

上から順に、[ほうれん草とうずら卵の炒めもの]、[2種のサテとピーナッツソース]

タイ

スイートサワーフィッシュ
Sweet & Sour Fish

カリッと揚げ焼きにした鯛に、トマトを使った甘酸っぱいソースをからめて。

材料（4人分）

鯛	2尾（20cm）
（片栗粉 大さじ2）	
プチトマト	15個
長ねぎ	1本
にんにく（みじん切り）	2片分
生姜（みじん切り）	親指大1片分
香菜（刻んだもの）	適量
A ナムプラー	大さじ1
スイートチリソース	大さじ1
トマトケチャップ	大さじ2
米酢	大さじ1
塩、胡椒	各少々
片栗粉	大さじ1
サラダ油	適量

1 長ねぎは2/3本をみじん切りに、1/3本を白髪ねぎにする。

2 鯛は頭を落とし、うろことはらわたを取り、よく洗って水気を取る。鯛の両面に3カ所ずつ切り目を入れ、全体に片栗粉大さじ2をまぶす。

3 フライパン1〜2cmの深さまでサラダ油を入れて180℃に熱し、鯛を入れる。途中でひっくり返し、両面がカリッときつね色になるまで5分ほど揚げ焼きにして、皿に盛る。

4 フライパンに油を大さじ2残し、長ねぎのみじん切り、にんにく、生姜を入れて炒め、全体に油が回ったら、ヘタを取ったプチトマトを加えて炒める。

5 トマトの皮が破れてきたら、[A]の材料を加えてよく混ぜ、塩、胡椒で味を調える。大さじ1の水で溶いた片栗粉を回し入れ、とろみをつける。

6 鯛に5のトマトソースをかけ、白髪ねぎと香菜を散らす。

アレンジ 魚は鯛以外に、イサキやスズキなどの白身魚でもおいしい。タイでは川魚を使うことが多いので、日本でも川魚が手に入る場合はそれを使ってもいい。

タイ

ホタテとアスパラガスの炒めもの Sauteed Scallops & Asparagus

ホタテとアスパラガスの甘みと、青唐辛子の辛みが心地よいハーモニー。

材料（4人分）

ホタテ貝柱	12個
アスパラガス	5本
エシャロット（みじん切り）	2個分
にんにく（みじん切り）	2片分
生姜（みじん切り）	小指大1片分
青唐辛子（みじん切り）	1本分
ココナッツミルク	大さじ4
ナムプラー	大さじ1
塩、胡椒	各適量
サラダ油	大さじ3
香菜（飾り用）	適量

> **アレンジ** ホタテの代わりにエビや白身魚の切り身を使ってもおいしい。

1 ホタテは洗って水気を取る。アスパラガスは根元の堅い部分を切り落とし、3cmの長さに切ってから、塩少々（分量外）を入れた湯で1分ほど下ゆでする。

2 フライパンにサラダ油を熱し、エシャロット、にんにく、生姜、青唐辛子を入れて、香りが立つまでじっくり弱火で炒める。

3 ホタテを入れ、両面に軽く火を通したら、アスパラガスを加えてさっと炒める。

4 ココナッツミルク、ナムプラーを入れ、よくからめるように炒めたら、塩、胡椒で味を調える。

5 器に盛りつけ、香菜を飾る。食べるときに、お好みでライムを搾りながら食べる。

ココナッツミルクと魚介のスープ Coconut milk & Seafood Soup

魚介の旨味とハーブ、香味野菜のハーモニー。トムヤムクンと並ぶタイの定番スープ。

材料（4人分）

エビ（ブラックタイガーなど）	12尾
イカ	1パイ
玉ねぎ（みじん切り）	1個分
ニラ（小口切り）	1/4把分
香菜	1株
カー*1（薄切り）	2枚
レモングラス	2本
コブミカンの葉*2（バイマックルー）	3枚
ライム	1/2個
グリーンカレーペースト	大さじ3
ココナッツミルク	400㎖
ナムプラー	大さじ1
塩、胡椒	各適量
サラダ油	大さじ1
水	500㎖

*1 カーは P.18「スパイシーひき肉入りオムレツ」を参照。

*2 コブミカンの葉（バイマックルー）は柑橘系のさわやかな香りが特徴で、タイ料理には欠かせないハーブ。生のものはインターネットやタイ食材専門店、乾燥ものは輸入食材店で手に入る。

1 エビは頭を取って殻をむき、背わたを取り除く。イカは足とワタと軟骨を取り、エンペラと胴を1cm幅に切る。香菜は根、茎と葉に分けておく。

2 鍋に水を入れ、カー、レモングラス、コブミカンの葉2枚、香菜の根を入れ沸騰させ、弱火で20分ほど煮たら、スープをこす。

3 別の鍋にサラダ油を熱し、玉ねぎを入れて、薄いきつね色になるまで炒める。

4 ここに2のスープ、ココナッツミルク、ナムプラー、コブミカンの葉1枚を加え、煮立てないよう注意しながら弱火で5分ほど煮る。

5 グリーンカレーペーストを加えてよく混ぜたら、エビ、イカ、ニラの順に入れ、火が通るまで煮る。

6 ライムを搾り、塩、胡椒で味を調えたら、器に盛り、刻んだ香菜の茎と葉を飾る。

上から順に、[ココナッツミルクと魚介のスープ]、[ホタテとアスパラガスの炒めもの]

タイ

あさりのチリソース炒め Stir-fried Clams in Spicy Chilli Sauce

あさりの旨味が溶け出したチリソースは、ご飯のおかずにも、お酒の肴にもぴったり。

材料（4人分）

あさり（砂抜きする）	500g
長ねぎ（みじん切り）	1/2本分
にんにく（みじん切り）	2片分
生姜（すりおろし）	小指大1片分
赤唐辛子*（生／みじん切り）	1本分
A ┌ スイートチリソース	大さじ1
│ ナムプラー	大さじ1
│ 砂糖	小さじ1/4
└ 醤油	小さじ1
サラダ油	大さじ2

＊手に入らない場合は、乾燥の赤唐辛子の種を取り除いたもので代用。
辛みをあまり出したくない場合は赤ピーマンで代用できる。

1 フライパンにサラダ油を熱し、長ねぎ、にんにく、生姜、赤唐辛子を入れて、香りが立つまで弱火で炒める。

2 あさりを入れたら中火にし、全体を混ぜるように炒める。

3 あさりが開きはじめたら、[A]の調味料を入れてよく混ぜ合わせ、ふたをして2分ほど蒸す。

4 あさりの殻がすべて開いたら、火を止めて器に盛りつける。お好みでバジルや香菜を刻んで散らしてもおいしい。

野菜のココナッツミルク炒め Mixed Vegetables in Coconut milk

色とりどりの野菜に、まろやかなココナッツソース、赤唐辛子の刺激が食欲をそそる。

材料（4人分）

なす	2個
にんじん	1/2個
赤ピーマン	1個
ベビーコーン（生）	6〜7個
生姜（せん切り）	小指大1片分
赤唐辛子*1（生／みじん切り）	1本分
コブミカンの葉*2（バイマックルー）	1〜2枚
レモングラスの根*3（生）	2本
ココナッツミルク	200ml
ナムプラー	大さじ2
塩	少々
サラダ油	大さじ2

＊1 赤唐辛子はP.16「丸ごと蒸し魚の香油がけ」を参照。
＊2 コブミカンの葉はP.24「ココナッツミルクと魚介のスープ」参照。
＊3 生のレモングラスの根（写真下）が手に入らない場合は、レモングラスの葉（写真上）で代用できる。その場合は葉を5cmの長さに切って使い、器に盛るときに取り除く。

1 なす、にんじん、赤ピーマンを5mm幅、長さ5cm程度の細切りにする。ベビーコーンは1cm幅のそぎ切りにする。

2 レモングラスの根は両端を切り落として皮をむき、下から2〜3cmの柔らかい部分をみじん切りにする。

3 フライパンにサラダ油を熱し、赤唐辛子、コブミカンの葉、レモングラスを入れて、弱火でさっと炒めたら、1の野菜を加えて炒める。

4 野菜に8割ほど火が通ったら、ココナッツミルクを入れて混ぜ、完全に野菜に火が通るまで弱火で加熱する*4

5 仕上げにナムプラーと塩で味をつけ、器に盛って、お好みで香菜を飾る。

＊4 ココナッツミルクは強火で加熱すると分離するので注意。

上から順に、[野菜のココナッツミルク炒め]、[あさりのチリソース炒め]

 ミャンマー

ミャンマーの豚肉カレー
Myanmar Style Pork Curry

インドとタイのカレーが出会って、新しいおいしさを発見。

材料（4人分）

[豚肉カレー]

豚ロース肉（2cmの角切り）	600g
長ねぎ（みじん切り）	1/2本分
にんにく（みじん切り）	2片分
A 生姜（すりおろし）	親指大1片分
青唐辛子	1本
レモングラスの根*1（生）	1本
カー*2（みじん切り）	親指大1片分
鷹の爪	2〜3本
クミンシード	小さじ1/2
シュリンプペースト*2	大さじ1
黒砂糖	大さじ1
ターメリックパウダー	小さじ1 1/2
タマリンドソース*3	大さじ3
ナムプラー	大さじ1
醤油	小さじ2
塩	適量
サラダ油	大さじ1
水	400ml

[インディカ米]

インディカ米*4	2合
塩	小さじ1/2
油	小さじ1/2
水	400ml

1 インディカ米を炊く。
米を軽く洗い、塩、油、水を入れて
炊飯器の通常コースで炊く。

2 レモングラスの根は両端を切り落として皮をむき、
下から2〜3cmの柔らかい部分をみじん切りにする。
鷹の爪はぬるま湯でふやかしておく。

3 [A]の材料を一緒にミキサーにかけて
ペースト状にする。

4 鍋にサラダ油を熱し、豚肉、3のペースト、
ターメリックを入れて、肉の色が変わるまで炒める。

5 醤油と水を加えてふたをし、
豚肉が柔らかくなるまで弱火で30分ほど煮込む。

6 長ねぎ、にんにく、タマリンドソース、ナムプラーを入れて
よく混ぜたら、ふたをしてさらに5分煮込む。

7 塩で味を調えたら火を止めて5分蒸らし、器に盛る。
お好みでゆでたいんげんと生の赤唐辛子を添え、
ご飯と一緒に食べる。

*1 生のレモングラスの根が手に入らない場合は、
レモングラスの葉で代用できる。
その場合はミキサーにかけず、プロセス4で豚肉などと一緒に入れ、
器に盛るときに取り除く。

*2 カー、シュリンプペーストはP.18「スパイシーひき肉入りオムレツ」を参照。

*3 タマリンドソースはボウルにタマリンド20gを入れ、
50mlのぬるま湯を加える。タマリンドを手でよくもんで、
濃いエキスを抽出して別のボウルに移す。
タマリンドに再び50mlのぬるま湯の加えてよくもんで
薄いエキスを抽出し1回目のものと混ぜて使う。
タマリンドペーストで代用する場合はペースト大さじ1を水、大さじ2で溶く。

*4 インディカ米の中でも古米であるバスマティライスを使う場合は、
水の分量を500mlにし、30分浸水させてから炊く。

[レインボーサラダ]のレシピはP.86参照

上から順に、[レインボーサラダ]、[ミャンマーの豚肉カレー]

インド

ビーフアーモンドカレー Beef Curry with Almonds

基本のスパイスに加え、アーモンドのリッチな油分で、驚くほどコク深いカレーに。

材料（4人分）

牛肉（煮込み用）	800g
（ヨーグルト100g、ターメリックパウダー 小さじ1）	
玉ねぎ（みじん切り）	2個分
アーモンド（生）	100g
にんにく（すりおろし）	2片分
生姜（すりおろし）	親指大1片分
青唐辛子（みじん切り）	2～3本分
サフラン（少量の水でふやかす）	ひとつまみ(10～15本)
A 鷹の爪	2本
黒胡椒（粒）	5～6粒
カルダモン（粒）	2～3個
シナモンスティック	2cm
ベイリーフ	2～3枚
B ガラムマサラ	小さじ1
クミンパウダー	小さじ1
コリアンダーパウダー	小さじ1
シナモンパウダー	小さじ1/2
ターメリックパウダー	小さじ1
レッドチリパウダー	小さじ1/2
塩	小さじ1 1/2
サラダ油	大さじ3
湯（約40℃）	200㎖

1 牛肉を角切りにし、ヨーグルトと
ターメリック小さじ1をまぶし、30分ほど置く。

2 アーモンドは飾り用の3粒は刻む。
残りは湯（分量外）に入れて1分ほどふやかし、
皮をむいてミキサーにかけ、ペースト状にする。
水を少々加えると作業しやすい。

3 鍋にサラダ油、[A]の材料を入れて弱火にかける。
カルダモンがはじけてきたら、玉ねぎを入れ、
濃いきつね色になるまでじっくり炒める。

4 [B]のスパイス、にんにく、生姜、青唐辛子を加え、
さっと炒め合わせたら1の肉を加えて炒める。

5 肉に半分ほど火が通ったら、湯を加えてふたをし、
肉が柔らかくなるまで煮込む。

6 サフラン、塩、2のアーモンドペーストを入れて混ぜ、
ふたをして10分ほど煮込む。

7 器に盛り、飾り用のアーモンドを散らす。
ナッツピラフと一緒に、お好みでパイナップルの
チャツネをつけながら食べる。

ナッツピラフ Nuts Pilaf

ビーフカレーにぴったり。サフランライスにナッツがたっぷり入った、栄養満点で豪華なご飯。

材料（4人分）

インディカ米*	2合
アーモンド（粒/ロースト）	1/2カップ
カシューナッツ（粒/ロースト）	1/2カップ
レーズン	1/4カップ
A カルダモン（粒）	2個
シナモンスティック	3cm
ベイリーフ	1～2枚
サフラン（少量の水でふやかす）	ひとつまみ(10～15本)
塩	小さじ1/2
サラダ油	小さじ1
水	400㎖

1 フライパンにサラダ油、[A]の材料を入れて
弱火にかける。カルダモンがはじけてきたら、
アーモンドとカシューナッツを入れて、
薄く色づくまで炒める。

2 炊飯器に、軽く洗った米と1、サフラン、塩、水を
入れて軽く混ぜ、通常コースで炊く。

3 炊き上がったらレーズンを散らし、
再びふたを閉めて5分ほど蒸らす。

＊インディカ米の中でも古米であるバスマティライスを使う場合は、
　水の分量を500㎖にし、30分浸水させてから炊く。

[パイナップルのチャツネ]のレシピは P.87 参照

上から順に、[ナッツピラフ]、[パイナップルのチャツネ]、[ビーフアーモンドカレー]

インド

アジのカレー Horse Mackerel Curry

アジがごろんと丸ごと入ったカレー。タマリンドの酸味があと引くおいしさ。

材料（4人分）

アジ	4尾
（ターメリック 大さじ1/2、レッドチリパウダー 小さじ1/4、塩 少々）	
玉ねぎ（みじん切り）	2個分
鷹の爪	2本
A にんにく（すりおろし）	2片分
青唐辛子（みじん切り）	2本分
クミンパウダー	小さじ1
コリアンダーパウダー	小さじ1
レッドチリパウダー	小さじ1/2
タマリンドソース*	200ml（タマリンド60g）
ココナッツミルク	150ml
塩	小さじ1
ココナッツパウダー	適量
サラダ油	大さじ4
水	200ml

＊タマリンドソースはボウルにタマリンド60gを入れ、150mlのぬるま湯を入れる。タマリンドを手でよくもんで、濃いエキスを抽出して別のボウルに移す。タマリンドに再び150mlのぬるま湯の加えてよくもんで薄いエキスを抽出し1回目のものと混ぜて使う。タマリンドペーストで代用する場合はペースト大さじ3を水200mlで溶く。

1. アジは頭を落とし、ぜいごとはらわたを取り、よく洗って水気を取る。全体にターメリック、レッドチリパウダー、塩をまぶして20分置く。
2. フライパンにサラダ油大さじ2を熱し、アジを並べる。両面に軽く焼き色をつけたら、取り出す。
3. フライパンに油大さじ2を足して熱し、玉ねぎと鷹の爪を入れて、玉ねぎが濃いきつね色になるまで弱火でじっくり炒める。
4. [A]の材料と水を入れて全体を混ぜたら、中火で煮立たせる。
5. アジを戻し入れ、ふたをして弱火で5分煮込む。アジを裏返して、さらに5分煮込む。
6. 器に盛り、ココナッツパウダーを散らす。ミントのピラフと一緒に、お好みで香菜とミントのチャツネをつけながら食べる。

ミントのピラフ Mint Pilaf

さわやかなミントの香りと鮮やかなグリーンが見事な絶品ピラフ。

材料（4人分）

インディカ米*	2合
ミント（刻んだもの）	1/4カップ分
長ねぎ（みじん切り）	1/2本分
カシューナッツ（粒/刻んだもの）	10個分
A にんにく	1片
生姜	小指大1片
青唐辛子	1本
ミント	1 1/2カップ
B 黒胡椒（粒）	5〜6個
クミンシード	小さじ1/2
シナモンスティック	2cm
ベイリーフ	1枚
塩	小さじ1
サラダ油	大さじ2 1/2
水	400ml
ミント（飾り用）	適量

1. 米を軽く洗い、塩小さじ1/2、サラダ油大さじ1/2、水を入れて炊飯器の通常コースで炊く。
2. [A]の材料をミキサーにかけてペースト状にする。
3. フライパンにサラダ油大さじ2と[B]の材料を入れて弱火にかける。スパイスがはじけてきたら、長ねぎを入れて、火が通るまで炒める。
4. 炊き上がったご飯を加えてよく混ぜたら、2と刻んだミントを入れ、よく混ぜ合わせる。
5. カシューナッツを加え、塩小さじ1/2で味を調えたら火を止め、ふたをして2〜3分蒸らす。
6. 器に盛って、ミントを飾る。

＊インディカ米の中でも古米であるバスマティライスを使う場合は、水の分量を500mlにし、30分浸水させてから炊く。

［香菜とミントのチャツネ］のレシピは P.87 参照

左上から時計回りに、[香菜とミントのチャツネ]、[ミントのピラフ]、[アジのカレー]

チキンビリヤニ
Chicken Biryani

米とカレーを層状に重ねて蒸し上げた、インド定番のおもてなし料理。

材料（4〜6人分）

[インディカ米]

インディカ米*1	2合
カルダモン	2〜3個
ベイリーフ	2枚
塩	小さじ1/2
水	400mℓ

[チキンカレー]

鶏肉	400g
（ヨーグルト 大さじ2）	
玉ねぎ（みじん切り）	1/2個分
じゃがいも（角切り）	2個分
にんじん（角切り）	小1本分
トマト（角切り）	1個分
生姜（みじん切り）	小指大1片分
ローストアーモンド	5個
カシューナッツ	5個
レーズン	大さじ1 1/2
A カルダモン（粒）	3個
A シナモンスティック	1/2本
A ベイリーフ	1枚
B ガラムマサラ	小さじ1/2
B クミンパウダー	小さじ1
B コリアンダーパウダー	小さじ1
B シナモンパウダー	小さじ1/4
B ナツメグパウダー	小さじ1/4
B レッドチリパウダー	小さじ1/2
B 胡椒	小さじ1/4
サフラン（牛乳大さじ1でふやかす）	ひとつまみ（10〜15本）
サラダ油	大さじ2
ギー*2（サラダ油でも可）	大さじ2
塩	小さじ1

1 米を軽く洗い、カルダモン、ベイリーフ、塩、水を入れて、炊飯器の通常コースで炊く。

2 鶏肉は一口大に切り、ヨーグルトをまぶしてもむ。

3 鍋にサラダ油、[A]の材料を入れて弱火にかける。スパイスがはじけてきたら、玉ねぎを入れて、薄いきつね色になるまでじっくり炒める。

4 じゃがいも、にんじん、トマト、生姜、[B]のスパイスを加え、軽く炒める。

5 鶏肉と塩を加えて表面の色が変わるまで炒めたら、ふたをしてソースにとろみが出るまで煮込む。

6 鍋の底にギーを塗り、炊き上がったご飯の1/3を敷き詰める。サフランを牛乳ごと数か所にたらし、その上に5のチキンソースの1/2をかける。

7 その上からまたご飯の1/3を敷き詰め、サフランをたらし、残りのチキンソースをかけたら、残りのご飯をのせ、サフランをたらす。

8 ふたをしてごく弱火にかけ、10分ほど蒸したら、ご飯とチキンソースの層が見えるように器に盛りつけ、粗く刻んだナッツ類とレーズンを散らす。お好みでライタやチャツネをつけながら食べる。

*1 インディカ米の中でも古米であるバスマティライスを使う場合は、水の分量を500mℓにし、30分浸水させてから炊く。

*2 ギーはバターから作られた食用油。インドを中心に使われている。

[ズッキーニのライタ]のレシピは P.87、[トマトのチャツネ]のレシピは P.88 参照

上から順に、[ズッキーニのライタ]、[トマトのチャツネ]、[チキンビリヤニ]

インド

ラムチョップソテー ほうれん草ソース Lamb Chops with Spinach Sauce

スパイスに漬け込んだラム肉に、鮮やかな緑のほうれん草ソースをかけて。

材料（4人分）

ラムチョップ	8本
A ヨーグルト	大さじ2〜3
にんにく（みじん切り）	1片分
生姜（みじん切り）	親指大1片分
ガラムマサラ	小さじ1
ターメリックパウダー	小さじ1/4
レッドチリパウダー	小さじ1/4
塩	小さじ1
胡椒	小さじ1/4
ほうれん草	1把
にんにく（すりおろし）	1片分
生姜（すりおろし）	小指大1片分
青唐辛子（みじん切り）	1本分
シナモンスティック	2cm
クローブ（粒）	3〜4個
B クミンパウダー	小さじ1/2
コリアンダーパウダー	小さじ1/2
レッドチリパウダー	小さじ1/4
トマトピューレ	大さじ1
塩	適量
サラダ油	大さじ3

1 ラムチョップにフォークで数カ所穴をあける。ボウルに[A]の材料をすべて入れてよく混ぜ、ラムチョップを入れて30分漬ける。

2 ほうれん草は洗って水気をきり、みじん切りにする。

3 鍋にサラダ油大さじ1、シナモン、クローブを入れて弱火にかける。スパイスがはじけてきたら、ほうれん草、にんにく、生姜、青唐辛子を入れて炒める。

4 ほうれん草に火が通ったら、[B]の材料を入れ、よく混ぜながら炒め、火を止める。

5 4のあら熱が取れたらミキサーにかけ、ペースト状にする。

6 フライパンに油大さじ2を熱し、1のラムチョップを並べて焼く。焼き色がついたら裏返して弱火にし、ふたをして中まで火を通す。

7 器に盛り、上に5のほうれん草ソースをかける。お好みでサラダ菜やトマトなどの野菜を添える。

ゴーヤーのサブジ Sauteed Bitter Gourd

インドでもよく食べられるゴーヤーでつくるスパイスたっぷりの炒め物。

材料（4人分）

ゴーヤー	2本
生姜（せん切り）	親指大1片分
鷹の爪	1本
クミンシード	小さじ1
A クミンパウダー	小さじ1/2
コリアンダーパウダー	小さじ1/2
ターメリックパウダー	小さじ1/2
レッドチリパウダー	小さじ1/4
塩	小さじ1/2
サラダ油	大さじ2

1 ゴーヤーを縦半分に切り、種の部分だけを取り除き（ワタの部分は取らない）、5mm幅の半月切りにする。

2 フライパンにサラダ油、鷹の爪、クミンシードを入れて弱火にかける。クミンシードがはじけてきたら、生姜を加え、さっと炒める。

3 ゴーヤーを加えて炒め、全体に油が回ったら、ふたをして2〜3分蒸す。

4 ゴーヤーに5割ほど火を通し、[A]のスパイスと塩を入れて混ぜ合わせ、ふたをして1〜2分蒸す。

5 器に盛り、お好みでレモンを搾りかけながら食べる。

上から順に、[ゴーヤーのサブジ]、[ラムチョップソテー ほうれん草ソース]

トルコ

ファラフェル Falafel

スパイスを混ぜ込んで揚げたホクホクおいしいヒヨコ豆のコロッケ。

材料（約12個分）

乾燥ヒヨコ豆（ガルバンゾ）····200g
A ┌ 長ねぎ（みじん切り）·······1/2本分
　├ パセリ（みじん切り）·······1/4カップ分
　├ にんにく（みじん切り）·····3片分
　├ 香菜（刻んだもの）·········小さじ1
　├ カイエンペッパー···········小さじ1/4
　├ クミンパウダー·············小さじ2
　├ 小麦粉····················大さじ1
　├ 塩·······················小さじ1 1/2
　└ 胡椒······················小さじ1/4
揚げ油······················適量

1 ヒヨコ豆は水洗いし、たっぷりの水に一晩浸す。

2 水気をきったヒヨコ豆をフードプロセッサーにかけ、おから状にする。[A]の材料を加え、再びプロセッサーにかけて全体を混ぜる。

3 ボウルに移し、ラップをして30分以上冷蔵庫でねかせる。

4 3をピンポン玉くらいの大きさに、しっかり握るようにして丸める。

5 190度に熱した油に4を入れ、全体がこんがりときつね色になるまで揚げる。

> **アレンジ** フムスや、タヒニディップをつけて食べたり、ピタパンにトマト、玉ねぎ、きゅうり、レタス、フムスなどと一緒にはさんで食べたりするといい。

フムス Hummus

胡麻が香るヒヨコ豆のペースト。トルコの定番前菜でファラフェルや、パン、野菜につけて食べる。

材料（作りやすい分量）

乾燥ヒヨコ豆（ガルバンゾ）····200g
A ┌ にんにく（みじん切り）······1/2片分
　├ クミンパウダー·············小さじ1/4～1/2
　├ レモン果汁················1個分
　├ タヒニ*···················大さじ4
　├ 塩·······················小さじ1/2～1
　├ 胡椒······················少々
　├ オリーブ油················大さじ2
　└ 水·······················大さじ2～3
グリーンオリーブ·············適量
パプリカパウダー·············小さじ1/4
オリーブ油··················大さじ1～2

＊タヒニは中東の白胡麻ペースト。輸入食材店などで手に入る。手に入らない場合は、日本の白胡麻ペーストでも代用できる。

1 ヒヨコ豆は水洗いし、たっぷりの水に一晩浸して水気をきる。鍋にたっぷりの水を入れ、柔らかくなるまで30分ほどゆでて、水気をきる。

2 ヒヨコ豆と[A]の材料をフードプロセッサーにかけ、ペースト状にする。

3 器に盛って中央にくぼみを作り、そこにオリーブ油を注ぐ。グリーンオリーブとパプリカパウダーを全体に散らす。

> **アレンジ** ファラフェルやフムスに使うヒヨコ豆は缶詰でもいい。その際は缶から取り出した豆をよく洗い、水気をきって使う。フムスは冷蔵庫で1週間の保存が可能。

[タヒニディップ]のレシピはP.88参照

上から順に、「フムス」、「タヒニディップ」、「ファラフェル」

トルコ

アナトリアンチキン Anatolian Chicken Casserole

骨付き鶏肉とオクラをトマトソースで豪快に煮込んだトルコの家庭料理。

材料（4人分）

骨付き鶏もも肉	600g
オクラ	10本
玉ねぎ	2個
にんにく	2片
赤唐辛子*（生）	1本
A ┌ オレガノ（ドライ）	小さじ2
├ コリアンダーシード	小さじ2
├ コリアンダーパウダー	小さじ1/2
└ レッドチリパウダー	小さじ1/2
トマト水煮缶（ダイスカット）	1缶（400g）
トマトペースト	小さじ1
レモン果汁	1個分
塩	小さじ1
胡椒	少々
バター	大さじ2
オリーブ油	大さじ2
水	100㎖

*手に入らない場合は、乾燥の赤唐辛子の種を取り除いたもので代用する。辛みをあまり出したくない場合は赤ピーマンで代用できる。

1 オクラはヘタを取る。玉ねぎとにんにくは薄くスライスする。赤唐辛子はみじん切りにする。

2 フライパンにバターを熱し、鶏肉を入れ、両面にしっかり焼き色をつけて取り出す。

3 2のフライパンにオリーブ油を入れて弱火にかける。玉ねぎ、にんにく、赤唐辛子、[A]の材料を入れて、玉ねぎがきつね色になるまで炒める。

4 トマト水煮、トマトペースト、塩、胡椒、水を加えて煮立てたら、肉を戻し入れ、ソースを回しかけながら中火で20分ほど煮る。

5 オクラを加えて10分煮たら、火を止めてレモン果汁を加える。

ハーブライス Rice with Fresh Herbs

アナトリアンチキンにぴったり。ハーブがたっぷり入った香り高いピラフ。

材料（4人分）

インディカ米*	2合
カルダモン（粒）	2粒
A ┌ 香菜（刻んだもの）	大さじ2
├ チャイブ（刻んだもの）	大さじ2
├ ディル（刻んだもの）	大さじ2
└ パセリ（刻んだもの）	大さじ2
サフラン（少量の水でふやかす）	ひとつまみ（10〜15本）
シナモンパウダー	小さじ1
ナツメグパウダー	小さじ1
バター	大さじ3
塩	小さじ1/2
水	400㎖

*インディカ米の中でも古米であるバスマティライスを使う場合は、水の分量を500㎖にし、30分浸水させてから炊く。

1 米を軽く洗い、バター大さじ1、カルダモン、塩、水を入れて、炊飯器の通常コースで炊く。

2 フライパンにバター大さじ2を熱し、[A]のハーブを入れてさっと炒める。

3 シナモン、ナツメグを加えて混ぜたら、炊き上がったご飯とサフランを入れて、よく混ぜながら炒める。

［トルコ風ポーチドエッグ］のレシピはP.88参照

上から順に、[トルコ風ポーチドエッグ]、[ハーブライス]、[アナトリアンチキン]

トルコ

グリル・キョフテ Grilled Koftas

スパイスとハーブが香るトルコの肉団子。お酒のおつまみにぴったり。

材料（4人分）

[キョフテ]
羊ひき肉*	600g
玉ねぎ（みじん切り）	1個分
香菜（刻んだもの）	大さじ1
ミント（刻んだもの）	大さじ1
カイエンペッパー	小さじ1/2
クミンパウダー	小さじ1
シナモンパウダー	小さじ1/2
パプリカパウダー	小さじ1
塩、胡椒	各少々
オリーブ油	大さじ2

[ヨーグルトソース]
ミント（刻んだもの）	大さじ2
ヨーグルト	150g
塩	ひとつまみ

＊羊ひき肉が手に入らない場合、羊切り落とし肉をフードプロセッサーでひくか、包丁で叩いて細かくして使う。

1 [キョフテ]の材料をすべてボウルに入れ、粘りが出るまで手でこねる。一口大の楕円形に丸める。

2 ヨーグルトソースの材料をすべて混ぜ合わせる。

3 フライパンにオリーブ油を熱し、キョフテを並べ、両面にこんがり焼き色がつくまで焼く。

4 器に盛り、お好みで香菜を添える。ヨーグルトソースをつけて食べる。

ヒヨコ豆とレンズ豆のスパイススープ Spiced Chickpeas & Lentil Soup

体の芯から温まるやさしい味わい。豆をたくさん使っているのでおなかも大満足。

材料（4人分）

ヒヨコ豆（水煮缶詰）	1カップ
レンズ豆（水煮缶詰）	1カップ
玉ねぎ	1個
にんにく	2片
生姜（すりおろし）	小指大1片分
シナモンパウダー	小さじ1/2
ターメリックパウダー	小さじ1/4
トマト水煮缶（ダイスカット）	1缶（400g）
塩、胡椒	各適量
オリーブ油	大さじ2
水	600㎖

1 玉ねぎとにんにくは薄くスライスする。

2 フライパンにオリーブ油を熱し、玉ねぎ、にんにくを入れて、火が通るまで炒める。

3 生姜、シナモン、ターメリックを加えて全体を混ぜたら、トマト水煮と水を入れる。

4 煮立ったら火を弱め、ヒヨコ豆とレンズ豆を加える。

5 ふたをして中火で15分煮込んだら、塩、胡椒で味を調える。

[ババガヌーシュ]のレシピはP.89参照

上から順に、[ヒヨコ豆とレンズ豆のスパイススープ]、[ババガヌーシュ]、[グリル・キョフテ]

ギリシャ

ギリシャ風キッシュ
Greek Vegetable Tart

色鮮やかな野菜とフェタチーズ、オリーブの組み合わせがギリシャらしいキッシュ。

材料（直径20cm×高さ6cmの型1台分）

[タルト生地]
- 小麦粉 ……………………… 200g
- バター ……………………… 100g
- 塩 …………………………… 小さじ1/4
- 水 …………………………… 大さじ2 1/2

[フィリング]
- なす（5mmの輪切り）……………… 1本分
- 玉ねぎ（みじん切り）……………… 1個分
- ほうれん草（みじん切り）………… 1/3把分
- トマト（5mmにスライス）………… 2個分
- ブラックオリーブ（種なし/スライス） 10個分
- にんにく（みじん切り）…………… 1片分
- 卵 …………………………… 3個
- A
  - フェタチーズ ……………… 80g
  - 粉チーズ …………………… 1/4カップ
  - ヨーグルト ………………… 大さじ4
  - バジル（ドライ）…………… 小さじ1/2
  - オレガノ（ドライ）………… 小さじ1/2
- 塩 …………………………… 小さじ1
- 胡椒 ………………………… 小さじ1/2
- オリーブ油 ………………… 大さじ3

1 タルト生地をつくる。
バターは直前まで冷蔵庫で冷やし、使う直前に1cmの角切りにする。

2 ボウルに小麦粉、塩、バターを入れ、指先でバターをつぶしながら、小麦粉と塩をなじませていく。

3 バターがつぶれたら、手のひらですり混ぜ、細かいパン粉状にする。バターが溶けきらないうちにすばやく行う。

4 水を加え、あまり練らないように注意しながら生地を一つにまとめる。
ラップに包み冷蔵庫で30分以上ねかせる。
オーブンは180℃に予熱しておく。

5 台に打ち粉（分量外）をし、めん棒で厚さ2〜3mm、型より一回り大きく伸ばし、型にぴったり密着させながら敷き込む。はみ出た生地はカットする。底にフォークで数か所穴をあける。

6 生地の上にクッキングシートを敷き、パイ用のおもし（500g）を入れる（乾燥豆で代用可）。
180℃のオーブンで15分焼き、クッキングペーパーとおもしを取って、さらに5分焼く。

7 フィリングをつくる。
フライパンにオリーブ油大さじ2を熱し、なすの両面を色よく焼いて取り出す。

8 なすを取り出したフライパンに油大さじ1を足し、玉ねぎとにんにくを入れて、火が通るまで炒める。

9 ボウルで卵をよく溶き、塩、胡椒を加えて混ぜる。
[A]の材料、ほうれん草、8を加えて混ぜる。

10 タルト生地の底になすを並べたら、9のフィリングをのせ、上にトマトとブラックオリーブを並べる。

11 180℃のオーブンで30〜40分焼く。
竹串を刺してみて、串に卵液がつかなければ焼き上がり。焼きたてを、もしくは冷蔵庫で冷やして食べる。

［スイカとフェタチーズのサラダ］のレシピはP.89参照

上から順に、[スイカとフェタチーズのサラダ]、[ギリシャ風キッシュ]

ギリシャ

ムサカ
Moussaka

羊のミートソースとナスを重ねてオーブンで焼いた、ギリシャの代表料理。

材料(4人分)

[ミートソース]

羊ひき肉*	800g
なす(7mm幅の輪切り)	4個
玉ねぎ	1個
にんにく(みじん切り)	3片分
粉チーズ	1/2カップ
ナツメグパウダー	小さじ1
塩、胡椒	各適量
┌ パセリ(刻んだもの)	大さじ1
A オレガノ(刻んだもの)	大さじ1
└ バジル(刻んだもの)	大さじ1
トマト水煮缶(ダイスカット)	1缶(400g)
トマトペースト	大さじ2
オリーブ油	大さじ4

[トッピング]

卵	2個
ヨーグルト	1 1/2カップ
粉チーズ	1/4カップ
フェタチーズ	50g
ナツメグパウダー	小さじ1/4
塩、胡椒	各適量

*羊ひき肉が手に入らない場合、羊切り落とし肉を
フードプロセッサーで挽くか、包丁で叩いて細かくして使う。

アレンジ 肉は牛肉や豚肉でもいい。肉の代わりにマッシュルームやズッキーニ、ほうれん草などの野菜にしてもおいしい。チーズはフェタチーズの代わりにグリュイエールチーズにしても。

1 ざるになすを入れ、適量の塩(分量外)をまぶしておく。玉ねぎとにんにくはみじん切りにする。

2 フライパンにオリーブ油大さじ2を熱し、玉ねぎを入れて、薄いきつね色になるまで弱火で炒める。

3 ひき肉とにんにくを加え、肉の色が変わるまで炒めたら、ナツメグ、塩、胡椒を入れて混ぜる。

4 [A]のハーブ、トマト水煮、トマトペーストを加え、量が半分くらいになりとろみが出るまで煮詰める。

5 オーブンは180℃に予熱しておく。

6 1のなすから出てきた水分をペーパーでしっかりふきとる。

7 別のフライパンに油大さじ2を熱し、なすの両面をこんがり焼いて取り出す。途中、油が足りなくなったら、油を足しながら焼く。

8 耐熱皿にオリーブ油(分量外)を薄く塗り、7のなすと4のミートソースを交互に敷き詰める。

9 トッピングをつくる。ボウルで卵をよく溶き、ヨーグルトを入れて混ぜる。残りの材料をすべて加え、よく混ぜる。

10 8の上に9のトッピングをかけ、その上に粉チーズを振りかける。

11 オーブンに入れ、表面にこんがり焼き色がつくまで、180℃で35〜40分焼く。オーブンから取り出し10分ほど落ちつかせてから食べる。

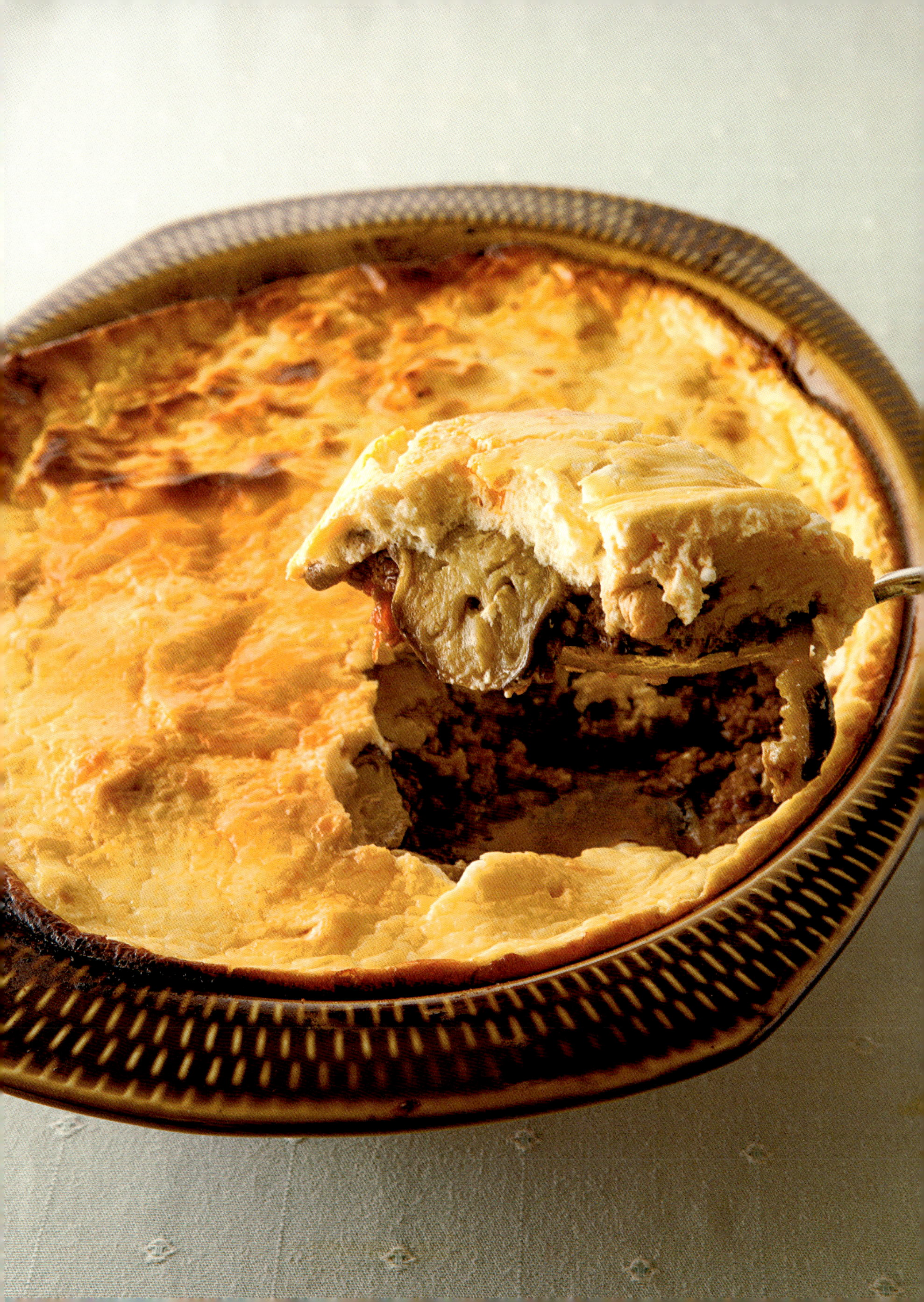

ギリシャ

牛肉のハーブソース煮込み Beef in Tangy Herb Sauce

牛肉をハーブとスパイスたっぷりのソースでさっと煮込んだ一品。

材料（4人分）

牛肉（煮込み用/角切り）	500g
玉ねぎ（みじん切り）	1個分
レッドキドニービーンズ（缶詰）	1缶
パセリ（刻んだもの）	1/2カップ
チャイブ（刻んだもの）	1/2カップ
A ベイリーフ	1枚
シナモンスティック	1/2本
B ターメリックパウダー	小さじ1
クミンパウダー	小さじ1
シナモンパウダー	小さじ1/2
胡椒	小さじ1/4
レモン果汁	1個分
塩	小さじ1
サラダ油	大さじ3
水	500㎖

1 鍋にサラダ油大さじ2、[A]の材料を入れて弱火にかける。香りが立ったら玉ねぎを入れ、薄いきつね色になるまで炒める。

2 牛肉を加えて表面の色が変わるまで炒めたら、[B]の材料を入れて軽く混ぜる。

3 水を加えて中火にかけ、煮立ったらふたをして弱火にする。肉が柔らかくなるまで30〜40分煮込む。

4 フライパンに油大さじ1を熱し、パセリとチャイブを入れて軽く炒める。

5 3の鍋にレッドキドニービーンズ、4のハーブ、塩を加えて煮立てたら、最後にレモン果汁を入れる。お好みで炊いたご飯と一緒に器に盛る。

ほうれん草とレモンのスープ Spinach & Lemon Soup

スパイスがやさしく香るスープに、熱々のミントオイルをジュワッとかけて。

材料（4人分）

ほうれん草（みじん切り）	1/2把分
玉ねぎ（みじん切り）	1/2個分
ツールダール（ひき割り黄えんどう豆）	1/4カップ
卵	2個
にんにく（みじん切り）	1片分
ミント（刻んだもの）	大さじ1
シナモンスティック	1/2本
ターメリックパウダー	小さじ1/2
クミンパウダー	小さじ1/2
レモン果汁	大さじ2〜3
片栗粉（水100㎖で溶く）	大さじ2
サラダ油	大さじ2

[ミートボール]

ラムひき肉（牛ひき肉でも可）	200g
玉ねぎ（すりおろし）	1/2個分
塩	小さじ1/2
胡椒	少々

1 ボウルに[ミートボール]の材料をすべて入れ、粘りが出るまで手でこね、一口大に丸める。

2 鍋にサラダ油大さじ1を熱し、玉ねぎとシナモンを入れて、薄いきつね色になるまで弱火で炒める。

3 ツールダール、ターメリック、クミンを加えてさっと炒めたら、水600㎖（分量外）を入れて、豆が柔らかくなるまで15〜20分ほど煮込む。

4 1のミートボールを加えて火が通るまで煮たら、ほうれん草を加え10分煮て、レモン果汁を加える。

5 水溶き片栗粉を回し入れてとろみをつけたら、溶き卵をゆっくり回し入れる。ふたをして火を止め、余熱で卵に火を通し、器に盛る。

6 フライパンに油大さじ1を熱し、にんにくとミントをさっと炒めて、5のスープの上にかける。

上から順に、[ほうれん草とレモンのスープ]、[牛肉のハーブソース煮込み]

モロッコ

羊肉とさつまいものタジン Lamb Tagine with Sweet Potatoes

スパイスがからまった羊肉と、ほくほく甘いさつまいもの組み合わせが新鮮な一品。

材料（4人分）

ラム肉*（煮込み用/角切り）	600g
さつまいも（中）	1本
玉ねぎ（みじん切り）	1個分
青唐辛子（みじん切り）	1個分
パセリ（刻んだもの）	大さじ1
香菜（刻んだもの）	大さじ1
┌ ターメリックパウダー	小さじ1/4
A　塩	小さじ1
└ 胡椒	小さじ1/2
┌ クミンパウダー	小さじ1/2
B　パプリカパウダー	小さじ1
└ レッドチリパウダー	小さじ1/4
バター	大さじ1
サラダ油	大さじ2

＊ラム肉は煮込み用の角切りが手に入らない場合、焼き肉用スライスや切り落とし肉で代用できる。

1　さつまいもは皮をむいて厚さ7mmの輪切りにし、3分ゆでて水気をきる。

2　鍋にサラダ油を熱し、ラム肉と[A]の材料を入れて表面の色が変わるまで炒める。

3　玉ねぎ、青唐辛子、[B]のスパイスを加えて全体を混ぜるように炒める。

4　材料がかぶるくらいの水を入れ、ふたをして肉が柔らかくなり、汁気が少なくなるまで煮込む。

5　パセリと香菜を加えて軽く混ぜ、タジン鍋（もしくはふたのできる耐熱皿）に移す。上にさつまいもを並べ、バターをちぎりながらところどころに置く。

6　ふたをし、ごく弱火で10分蒸す。食べる直前にお好みで香菜を散らす。

オレンジとデーツのサラダ Orange & Dates Salad

スパイシーな料理の箸休めにおいしい、デザートのようなフルーツサラダ。

材料（4人分）

オレンジ	4個
デーツ（乾燥）	1/2カップ
ピスタチオ（無塩）	1/4カップ
ローストアーモンド（無塩）	5個
レモン果汁	少々
粉糖	適量

1　デーツは種を取り除いて刻む。ピスタチオは皮をむいて刻む。アーモンドは刻む。

2　オレンジは皮をむいて果肉を取り出し、種を取り除く。残った薄皮は手で搾り、果汁を取っておく。

3　オレンジ果汁とレモン果汁をボウルで混ぜ、オレンジの果肉、デーツとピスタチオを入れて混ぜる。

4　器に盛り、上に粉糖とアーモンドを飾る。

上から順に、[オレンジとデーツのサラダ]、[羊肉とさつまいものタジン]

★ モロッコ

野菜とフルーツ、ナッツのクスクス Couscous with Vegetables, Fruits & Nuts

ごろんと入った野菜、フルーツ、ナッツがアクセント。メインにもなる一品。

材料（4人分）

玉ねぎ（みじん切り）	1個分
緑・赤ピーマン（1cmの角切り）	各1個分
ズッキーニ（1cmの角切り）	1本分
なす（1cmの角切り）	2本分
トマト（1cmの角切り）	1個分
ザクロの実	1/4カップ
にんにく（みじん切り）	1片分
香菜（刻んだもの）	1/2カップ
ローストアーモンド	10個
レーズン	大さじ2
クミンパウダー	小さじ1/2
レモン果汁	1/2個分
塩、胡椒	各適量

[クスクス]

クスクス	1カップ
ターメリックパウダー	小さじ1/4
シナモンパウダー	小さじ1/4
塩	小さじ1/4

1 クスクスを蒸す。ボウルに[クスクス]の材料を全てを入れて混ぜ、熱湯250mℓ（分量外）とオリーブ油大さじ1（分量外）を加え、ふたをして10分蒸らす。

2 フライパンにオリーブ油大さじ3（分量外）を熱し、玉ねぎ、にんにくを入れて透き通るまで炒めたら、ピーマンを加え、軽く炒める。

3 ズッキーニ、なすを加えて全体に油が回るまで炒めたら、ふたをして弱火で2分ほど蒸す。

4 クミン、塩、胡椒入れてさっと混ぜたら火を止め、トマトを加えてよく混ぜる。

5 1のクスクスをフォークでほぐし、4の野菜、香菜、アーモンド、レーズン、レモン果汁を加えて、よく混ぜる。

6 塩、胡椒で味を調えたら、ザクロの実を混ぜる。温かいままでも、冷して食べてもいい。

シナモンフィッシュケーキ Cinnamon Fish Cakes

松の実やレーズンを混ぜ込み、シナモン香る衣をつけて焼いた、白身魚のハンバーグ。

材料（4人分）

タラ（切り身）	450g
（ターメリックパウダー 小さじ1/4、塩 少々）	
A 玉ねぎ（みじん切り）	1個分
レーズン	大さじ2
松の実	大さじ2
パン粉	1/2カップ
パセリ（刻んだもの）	大さじ2
香菜（刻んだもの）	大さじ2
ミント（刻んだもの）	大さじ2
シナモンパウダー	小さじ2
卵	1個
トマトピューレ	小さじ1〜2
塩、胡椒	各適量
小麦粉	大さじ3〜4
シナモンパウダー	小さじ1
サラダ油	大さじ3

1 タラは皮と骨を取り、ターメリック、塩を振りかけて、身をフォークで粗くつぶす。

2 ボウルに1と[A]の材料を入れてよく混ぜる。

3 別のボウルに卵を溶き、トマトピューレを混ぜる。これを2に加え、塩、胡椒で味つけし、手でよくこねて、手のひら大の小判形にする。

4 皿の上で小麦粉とシナモンをよく混ぜ、3を並べて両面に粉をまぶす。

5 フライパンにサラダ油を熱し、両面がこんがりきつね色になるまで、弱火でじっくり焼く。

6 器に盛り、お好みで香菜とレモンを添える。

[スパイシービーンディップ]のレシピはP.89参照

左上［スパイシービーンディップ］、右上［シナモンフィッシュケーキ］、下［野菜とフルーツ、ナッツのクスクス］

ナイジェリア

ジョロフチキンライス Jollof Chicken Rice

鶏とトマトの出汁を吸ったご飯がおいしい、西アフリカ定番の炊き込みご飯。

材料（4人分）

- 骨付き鶏もも肉 …………… 4本
  （にんにく2片、タイムの葉2枝分）
- インディカ米 ……………… 1.5合
- 玉ねぎ（みじん切り）……… 1個分
- 青唐辛子（みじん切り）…… 1本分
- 干しエビ（粉末にしたもの）…… 大さじ2
- レッドチリパウダー ……… 小さじ1/4
- トマト水煮缶（ダイスカット）…… 1缶（400g）
- トマトピューレ …………… 大さじ1
- 塩 ………………………… 小さじ1
- 胡椒 ……………………… 小さじ1/4
- サラダ油 ………………… 大さじ2
- 水 ………………………… 400mℓ
- タイム（飾り用）…………… 2枝

1 鶏肉全体ににんにくとタイムの葉をまぶしつける。

2 鍋にサラダ油を熱し、玉ねぎを入れて表面が透き通るまで1～2分炒める。

3 トマト水煮、トマトピューレ、塩、胡椒を加えて5分ほど煮たら、弱火にして鶏肉、水を入れ30分煮込む。

4 青唐辛子、干しエビ、レッドチリパウダーを加えて混ぜ、さらに5分煮込む。

5 鶏肉を取り出し、ソースから250mℓを別の鍋に移す。残ったソースは半量になるまで煮詰める。

6 ソースを移した鍋に米と水50mℓ（分量外）を入れてさっと混ぜ、ふたをし15分弱火にかけてご飯を炊く。

7 火を止め、鶏肉を6のご飯の上にのせたら再びふたをし、10分蒸らす。

8 器にご飯と鶏肉を盛りつけ、5の煮詰めたソースをかける。

チキンホットペッパースープ Chicken Hot Pepper Soup

ナイジェリアのみそ汁とも言える、スパイスたっぷりの定番スープ。

材料（4人分）

- 骨付き鶏もも肉（ぶつ切り）…… 300g
- A ┌ 赤唐辛子*1（生/みじん切り）… 1本分
  │ ペッパースープスパイス*2 …… 大さじ1
  └ 粗びき赤唐辛子 ………… 大さじ1/4
- 塩 ………………………… 小さじ1/2
- 胡椒 ……………………… 小さじ1/4
- 水 ………………………… 700mℓ

1 鍋に、鶏肉、[A]の材料、水300mℓを入れて火にかけ、煮立ったら水400mℓを足し、肉が柔らかくなるまで30分ほど煮込む。

2 塩で味を調えて、器に盛りつけ、胡椒を振る。

＊1 手に入らない場合は、赤ピーマンで代用する。

＊2 このスープには欠かせないスパイスミックス。炒め物に振りかけたり、肉や魚にまぶしたりして焼くなど、いろいろと活用できる。
作り方は、黒胡椒5g、クローブパウダー5g、シナモンパウダー5g、山椒パウダー5g、コリアンダーパウダー10g、クミンパウダー10g、ジンジャーパウダー10gを混ぜる。
密閉容器で2～3カ月の保存が可能。

上から順に、［チキンホットペッパースープ］、［ジョロフチキンライス］

イタリア

鶏レバーのサラダ Chicken Liver Salad

バターとスパイスで香ばしくソテーしたレバーをたっぷりの野菜と一緒に。

材料（4人分）

鶏レバー	200g
ミックスリーフ	50g
パルミジャーノレッジャーノ（塊）	80g
クミンパウダー	小さじ1/4
ナツメグパウダー	少々
バルサミコ酢	大さじ3
塩、胡椒	各少々
バター	大さじ1
オリーブ油	大さじ3

1 ミックスリーフを洗って水気をきっておく。

2 大きめのボウルに水を入れ、レバーを軽くもむように洗う。水がにごってきたら、新しい水に入れ替え、これを繰り返す。水が血でにごらなくなったら、水気をふいて、4～5mmの厚さに切る。

3 フライパンにバターとオリーブ油大さじ2を熱し、レバーを並べたら、クミン、ナツメグ、塩、胡椒を振る。

4 両面を焼き、8割ほど火が通ったら取り出す。

5 同じフライパンにオリーブ油大さじ1とバルサミコ酢を入れ、フライパンを回しながら煮詰める。

6 器にミックスリーフを盛り、レバーをのせたら、5を回しかける。

7 パルミジャーノレッジャーノを削って散らす。全体を混ぜながら食べる。

トスカーナ風豆のスープ Tuscan Bean Soup

「豆食い」と呼ばれるトスカーナの人々の家庭で作られる定番スープ。

材料（4人分）

白いんげん豆（水煮缶詰）	1缶（400g）
キャベツ（1cmの角切り）	1/4個分
パセリ（刻んだもの）	大さじ2
オレガノの葉（刻んだもの）	大さじ1
A 玉ねぎ（みじん切り）	1個分
ポロねぎ*（みじん切り）	1本分
じゃがいも（さいの目切り）	大1個
にんにく（みじん切り）	1片分
シナモンスティック	1/3本
ベイリーフ	1枚
粉チーズ	3/4カップ
塩、胡椒	各適量
オリーブ油	大さじ3
水	800ml

1 鍋にオリーブ油を熱し、[A]の野菜とシナモンスティック、ベイリーフを入れ、5分ほど炒める。

2 いんげん豆と水を加えてふたをし、10分ほど煮込む。

3 キャベツとパセリ、オレガノ、粉チーズを加えて軽く混ぜ、塩、胡椒で味を調えたら、ふたをして、具が柔らかくなるまで10分ほど煮込む。

4 ポテトマッシャーで具の1/3ほどをつぶしたら全体を混ぜ、器に盛る。

＊西洋ねぎ。長ねぎよりも太く、加熱すると甘みが強いのが特徴。リーキとも呼ばれる。手に入らない場合は長ねぎ1本で代用できる。

上から順に、『トスカーナ風 豆のスープ』『鶏レバーのサラダ』

イタリア

スパイシーラザニア Spicy Lasagne

さっぱりとしたチーズの層とスパイシーなミートソースを重ねた、ラザニアの新定番。

材料（4〜6人分）

ラザニア用のパスタ	6〜9枚
カッテージチーズ	100g
モッツァレラチーズ	1個
ピザ用チーズ	10g
粉チーズ	1/4カップ
胡椒	適量

[ミートソース]

合いびき肉	800g
玉ねぎ（みじん切り）	1個分
にんじん（みじん切り）	1本分
セロリ（白い部分/みじん切り）	1本分
にんにく	2片
A ナツメグパウダー	小さじ1/2
レッドチリパウダー	小さじ1/2〜1
バジル（ドライ）	小さじ1
オレガノ（ドライ）	小さじ1
トマトペースト	大さじ2
トマト水煮缶（ホール）	1缶（400g）
塩、胡椒	各適量
オリーブ油	大さじ2
水	200ml

[ベシャメルソース]

牛乳	500ml
ベイリーフ	2枚
ナツメグパウダー	ひとつまみ
小麦粉	50g
バター	50g
塩	小さじ1

1 ミートソースをつくる。
　オリーブ油をフライパンで熱し、
　玉ねぎ、にんじん、セロリを入れて、弱火で
　玉ねぎがあめ色になるまで炒める。そこに、
　つぶしたにんにくを加えて、2分ほど炒める。

2 ひき肉を加え、火が通るまで炒めたら、
　[A]の材料と水を加えて弱火にする。

3 20分ほど煮詰めて、量が半分くらいになり、
　とろみがついたら火を止める。

4 ベシャメルソースをつくる。
　鍋に牛乳、ベイリーフ、ナツメグを入れたら、
　ごく弱火で煮立てないように注意しながら、
　ゆっくり加熱する。

5 別のフライパンに、バターと小麦粉を入れて弱火にかけ、
　ペースト状になるよう常にヘラで混ぜながら
　5分ほどしっかり加熱する。

6 4の牛乳を5〜6回に分けて入れる。
　だまにならないよう、その都度泡立て器で
　よく混ぜ合わせる。塩で味を調える。

7 オーブンを180℃に予熱する。

8 大きめの鍋にたっぷりの湯を沸かし、
　海水ぐらいの塩気になるよう塩（分量外）を入れ、
　オリーブ油大さじ1（分量外）を加える。
　パスタを表示の時間通りゆでて、水気をきる。

9 大きい耐熱皿に、ラザニア2〜3枚を重ならないように
　並べ、その上にミートソースの1/3を敷く。

10 その上にカッテージチーズの1/3、
　モッツァレラチーズの1/3、ベシャメルソースの1/3を
　順に重ね、胡椒を振る。

11 9、10を2回繰り返す。

12 最後に、ピザ用チーズと粉チーズをのせて、
　180℃のオーブンで30分ほど、チーズが溶けて、
　こんがり焼き色がつくまで焼く。

[なすとレモン、ケイパーのサラダ]のレシピは P.90 参照

上から順に、[なすとレモン、ケイパーのサラダ]、[スパイシーラザニア]

イタリア

ほうれん草、ハーブ、リコッタチーズのニョッキ
Spinach, Herb & Ricotta Gnocchi

ほうれん草とたっぷりのハーブ、リコッタチーズを組み合わせたニョッキを、セージバターのソースで。

材料（4人分）

［ニョッキ］

ほうれん草	1把
リコッタチーズ	250g
にんにく（みじん切り）	2片分
お好みのハーブ*（刻んだもの）	計30g
卵黄	1個分
粉チーズ	1/2カップ
ナツメグパウダー	小さじ1/4
小麦粉	70g
塩	小さじ1/2
胡椒	少々

［セージバター］

バター	40g
セージの葉	2～3枚
粉チーズ	適量

*フレッシュなパセリ、バジル、タイム、香菜、チャイブなどから
お好きなものを組み合わせて刻む。

1 ほうれん草は洗って水気をきり、みじん切りにする。

2 フライパンにほうれん草と大さじ1の水（分量外）を入れてふたをし、しんなりするまで弱火で2分蒸す。冷ましてから、水気をしっかり搾る。

3 ボウルに［ニョッキ］の材料をすべて入れ、しっかり混ぜ合わせる。

4 手に小麦粉（分量外）をつけて、ニョッキを一口大に丸めたら、バットに並べ、ラップをかけて20分以上冷蔵庫でねかせる。

5 大きめ鍋にたっぷりの湯を沸かして、海水くらいの塩気になるよう塩（分量外）を入れ、ニョッキを数回に分けてゆでる。一度に入れると湯の温度が下がりうまくゆでられないので注意。ニョッキが浮いてきたら、水気をよくきり、バットに取り出す。

6 セージバターをつくる。
フライパンを弱火で熱し、バターを入れる。バターが溶けたらセージを加え、フライパンを回しながらセージの香りをバター全体に移す。

7 ニョッキを加え、バターをからめながら薄いきつね色になるまで1～2分炒める。

8 器に盛り、粉チーズを振りかける。

［米なすの詰め物］のレシピはP.90参照

上から順に、[米なすの詰め物]、[ほうれん草、ハーブ、リコッタチーズのニョッキ]

フランス

鶏とピスタチオのパテ Chicken & Pistachio Paté

脂の少ない部位を使ったヘルシーなパテ。ピスタチオのアクセントが楽しい。

材料（8cm幅×20cm、1本分）

鶏むね肉	500g
鶏ささみ（5mm角に切る）	150g
ロースハム（ブロック/5mm角に切る）	80g
卵白	1個分
長ねぎ（みじん切り）	1本分
にんにく（みじん切り）	1片分
ピスタチオ（殻をとったもの）	1/4カップ
タラゴン（刻んだもの）	大さじ1
ナツメグパウダー	ひとつまみ
カルダモンパウダー	ひとつまみ
生クリーム（脂肪分30%以上）	1/4カップ
パン粉	1/2カップ
塩、胡椒	各小さじ1/2

1 鶏むね肉の脂身と筋を取り除き、2cm角に切って、ピュレ状になるまでフードプロセッサーにかける。オーブンを180℃に予熱する。

2 ボウルに生クリームとパン粉を入れてよく混ぜてから残りのすべての材料を加え、手でよく混ぜる。

3 40cmの長さに切ったアルミホイルに薄くサラダ油（分量外）を塗り広げ、その中央にパテをのせ、幅8cm長さ20cmほどの大きさに形成する。全体をアルミホイルで包み、ふちを丸めてとめる。

4 180℃のオーブンで、1時間半焼く。焼き上がったら、あら熱をとり、冷蔵庫で一晩ねかせる。

5 7mm幅にスライスし、お好みでグリーンサラダと一緒に盛りつける。

パンデピス Pain d'Épice

蜂蜜とスパイスがたっぷり入った、フランスの伝統的なパン。

材料（9cm×9cm×18cmの型、1本分）

小麦粉	180g
ライ麦粉	30g
A ジンジャーパウダー	小さじ1/2
シナモンパウダー	小さじ1
ナツメグパウダー	小さじ1/4
カルダモンパウダー	小さじ1/4
重曹	小さじ1
塩	小さじ1/4
胡椒	小さじ1/4
無塩バター（常温に戻す）	30g
卵（常温に戻す）	1個
牛乳	80ml
蜂蜜	120g

1 小麦粉、ライ麦粉、[A]をふるいにかける。オーブンを180℃に予熱する。

2 鍋に牛乳と蜂蜜を入れ、蜂蜜が溶けるまで、ごく弱火で混ぜる。火を止めてあら熱をとる。

3 ボウルにバターと卵を入れ、しっかり混ぜたら、1と2を加え、ダマにならないよう注意しながら全体をよく混ぜる。

4 型にバター（分量外）を塗り、小麦粉（分量外）をはたく。3を流し入れ、180℃で40分焼く。

5 焼き上がったら型から取り出し、あら熱をとってからラップでしっかりと包む。完全に冷ましてから7mmほどの薄さにスライスする。

アレンジ トーストして食べると、よりスパイスの香りが立っておいしい。上にジャムなどをのせおやつとして食べたり、パテやチーズなどをのせて、ワインのおつまみにしたりしてもいい。

上から順に、[パンデピス]、[鶏とピスタチオのパテ]

フランス

レモン風味の丸鶏ロースト Lemon Flavored Roast Chicken

レモンとローズマリーをたっぷり詰めてローストした丸鶏。パーティーにぴったりの一品。

材料（1羽分）

丸鶏	1羽（1.5kg）
レモン	2個
玉ねぎ	2個
ローズマリー	2枝
レモン果汁	1個分
塩	小さじ1/2
胡椒	適量
オリーブ油	適量

1 レモンと玉ねぎ、各1個は6等分のくし切りに。もう1個は5mmの輪切りにする。オーブンを200℃に予熱する。

2 丸鶏は余分な水気をふき取る。レモン果汁に塩、胡椒を混ぜたものを、鶏の表面と内側によくすりこむ。

3 くし切りにしたレモンと玉ねぎ、ローズマリー（枝ごと）を鶏の腹の中に詰める。

4 開いている部分をつま楊枝で縫うようにしてとめる。足をタコ糸で縛り、ホイルをかぶせる。鶏の表面全体に刷毛でオリーブ油を塗る。

5 オーブン皿にも油を塗り、輪切りにしたレモンと玉ねぎを並べる。その上に鶏をのせる。

6 200℃のオーブンで、1時間ほど焼く。竹串をもものつけ根に刺し、透明な肉汁が出てきたら焼き上がり。オーブンから取り出し15分ほど休ませる。

7 鶏を器に盛り、野菜ソテーを添える。

野菜のバルサミコ酢ソテー Vegetables Sauteed in Balsamic Sauce

歯ごたえを残してソテーした野菜に甘酸っぱいバルサミコ酢をからめて。

材料（作りやすい分量）

にんじん	1本
ピーマン（赤・青）	各2個
ズッキーニ	1本
なす	2本
にんにく（薄切り）	2片分
タイム（ドライ）	小さじ1/2
バルサミコ酢	大さじ1
塩	小さじ1/4
胡椒	適量
オリーブ油	大さじ2〜3

1 すべての野菜を5cmほどの長さのスティック状に切る。

2 フライパンにオリーブ油を熱し、にんにくとにんじんを入れ、にんじんの表面に火が通るまで炒める。

3 ピーマンを加えてふたをし、弱火で1〜2分蒸したら、ズッキーニとなすを加える。

4 全体をさっと混ぜ合わせ、ふたをして、すべての野菜に火が通るまで蒸し焼きにする。このとき、火が通りすぎて柔らかくなりすぎないよう注意。

5 塩、胡椒で味を調え、バルサミコ酢、タイムを加えて、ソースを全体にからめるようにさっと混ぜる。

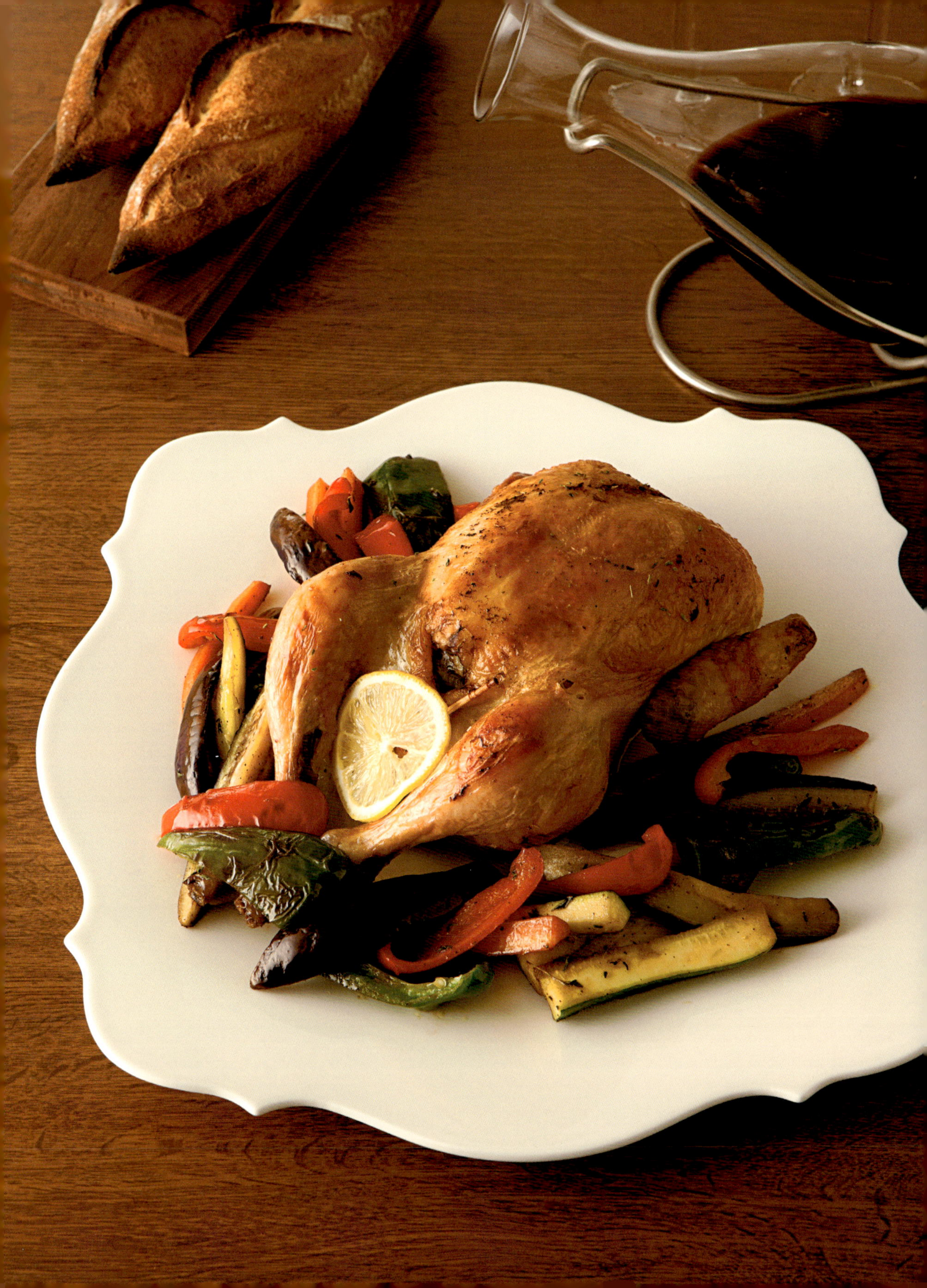

スペイン

野菜のフリッター Vegetable Fritters

スペインでも定番のスパイス、クミンを効かせた衣で包んで揚げるフリッター。

材料（4人分）

ズッキーニ	1本
パプリカ（赤・黄）	各1個
なす	2本
クミンパウダー	小さじ1
パプリカパウダー	小さじ1/2
卵	2個
牛乳	大さじ2
小麦粉	1/2カップ
塩	小さじ1/4
胡椒	少々
揚げ油	適量

1 ズッキーニは8mm幅で斜めにスライス、パプリカは大きめの一口大に、なすはヘタを取り、縦に4枚のスライスにする。

2 ポリ袋の中で小麦粉、塩、胡椒を混ぜ合わせ、そこに野菜を入れて全体に粉をまぶし、トレイに取り出す。一度に入りきらない場合は何度かに分けて入れる。

3 ボウルで卵と牛乳をしっかりと混ぜ合わせる。

4 野菜を卵液にくぐらせて、180℃に熱した油に入れる。カリッと香ばしいきつね色になるまで揚げる。

アレンジ 塩や、P.80の『トマトサルサ』をつけて食べてもおいしい。ほかにもアリオリソースと呼ばれるニンニクマヨネーズや、ブラバスソースと呼ばれるスパイシーなトマトソースにつけて食べる。

チョリソーのスペイン風煮込み Spanish-style Chorizo Stew

スペインの辛いソーセージを、トマトやハーブとともに煮込んだ一品。

材料（4人分）

チョリソー（一口大に切る）	4本分
玉ねぎ（みじん切り）	1個分
にんじん（2cmの角切り）	1/2本分
にんにく（みじん切り）	2片分
ベイリーフ	1枚
A　オレガノ（ドライ）	小さじ1/2
レッドチリパウダー	小さじ1/4〜1/2
トマトジュース	130mℓ
塩	小さじ1/2
胡椒	小さじ1/4
オリーブ油	大さじ1

1 鍋にオリーブ油を熱し、玉ねぎ、にんじん、にんにく、ベイリーフを入れ、全体に油がまわるまで2分ほど炒める。

2 チョリソーを加え、焼き色がつくまで炒めたら、[A]の材料を加えて、弱火で20分ほど煮込む。

3 全体にとろみが出てきたら器に盛り、お好みで刻んだ香菜を添える。

アレンジ ヒヨコ豆やレッドキドニービーンズなどの豆を入れてもおいしい。

上から順に、[チョリソーのスペイン風煮込み]、[野菜のフリッター]

🇬🇧 イギリス

シェパーズパイ
Shepherd's Pie

マッシュポテトと羊ひき肉のミートソースを重ねてオーブンで焼いた、イギリスの家庭料理。

材料（6〜8人分）

[マッシュポテト]

じゃがいも	6〜8個（800g）
牛乳	1/4〜1/2カップ
無塩バター	50g
塩	小さじ3/4
胡椒	小さじ1/4

[ミートソース]

羊ひき肉*（牛でも可）	800g
玉ねぎ（みじん切り）	1個分
にんじん（さいの目切り）	1/2本分
セロリ（さいの目切り）	1/2本分
にんにく（みじん切り）	1片分
グリーンピース（冷凍）	1/2カップ
ローズマリーの葉（みじん切り）	小さじ2
タイムの葉（みじん切り）	小さじ1
ウスターソース	小さじ1
塩	小さじ1
胡椒	小さじ1/2
バター	大さじ4
水	100mℓ

＊羊ひき肉が手に入らない場合、羊切り落とし肉を
フードプロセッサーで挽くか、包丁で叩いて細かくして使う。
牛ひき肉でも代用できる。

1 マッシュポテトをつくる。じゃがいもを柔らかくなるまでゆでて皮をむく。ボウルに材料をすべて入れ、牛乳の量を調節しながら、なめらかでぽってりした状態になるまで、マッシャーでつぶす。

2 ミートソースをつくる。フライパンにバターを入れて熱し、玉ねぎを入れて弱火で炒める。透き通ってきたら、にんじん、セロリ、にんにくを加え、3〜4分炒める。

3 ひき肉、塩、胡椒を加えて色が変わるまで炒めたら、グリーンピース、ローズマリー、タイム、ウスターソース、水を加えて混ぜる。

4 煮立ったら、ふたをして弱火にし、ソースにとろみがつくまで煮詰める。

5 オーブンを200℃に予熱する。

6 耐熱皿にミートソースを入れ、ソースを隠すようにマッシュポテトをのせて、表面が平らになるように広げる。表面にフォークで模様をつける。

7 200℃のオーブンで25〜30分ほど、表面にこんがり焼き色がつくまで焼く。

8 オーブンから取り出し、15分ほど落ちつかせてから食べる。

> **アレンジ** ミートソースにトマトペーストを大さじ2加えると、トマトの酸味とコクが加わりおいしい。マッシュポテトの上に粉チーズをかけても。6の状態で冷凍しておけば、食べる直前にオーブンで焼くだけ。

［セロリとスティルトンチーズのスープ］のレシピはP.91参照

青いお皿の上から順に、[セロリとスティルトンチーズのスープ]、[シェパーズパイ]

イギリス

ビーフウェリントン
Beef Wellington

豪華な牛フィレ肉とレバーペーストのフィリングをパイ生地で包んだ、パーティー料理の定番。

材料（作りやすい分量）

牛フィレ肉（ブロック）	600〜800g
チキンレバーペースト*	150g
パイシート（冷凍）	2〜3枚
マッシュルーム（みじん切り）	1 1/2 カップ
にんにく（つぶしたもの）	2片分
パセリ（刻んだもの）	大さじ2
ローズマリーの葉（みじん切り）	大さじ1
卵黄	1個分
バター	大さじ3
塩、胡椒	各少々

＊鶏の肝を、香辛料、調味料で味つけしたもの。
スーパーや輸入食材店などで、瓶つめや缶詰の状態で売られている。

1 牛肉は身くずれ防止のため、タコ糸で巻く。オーブンを220℃に予熱する。

2 フライパンにバター大さじ1を熱し、ローズマリー大さじ2/3と肉を入れて、強めの中火で全面に焼き色をつける。

3 オーブン皿に肉をのせ、220℃のオーブンで15分焼いたら取り出して、完全にさまし、タコ糸を取る。

4 フライパンにバター大さじ2を熱し、にんにく、マッシュルームを入れて火が通るまで炒める。火を止め、あら熱をとる。

5 火を止めた状態で、レバーペースト、パセリ、ローズマリー大さじ1/3、塩、胡椒を入れて、よく混ぜ合わせたら、肉の上に塗り広げる。

6 オーブンを200℃に予熱する。

7 パイシートを解凍し、はしとはしを重ね、押さえつけて繋ぎ合わせ、肉が包める大きさにする。

8 牛肉をパイ生地の中心に置き、包み込むようにして、ふちをしっかり重ねてとめる。

9 オーブン皿にクッキングペーパーを敷き、6をのせ、表面に溶いた卵黄を塗る。

10 200℃のオーブンで、生地がこんがりきつね色に焼けるまで20分ほど焼く。熱いうちに切って、器に盛りつける。お好みでローズマリーを飾る。

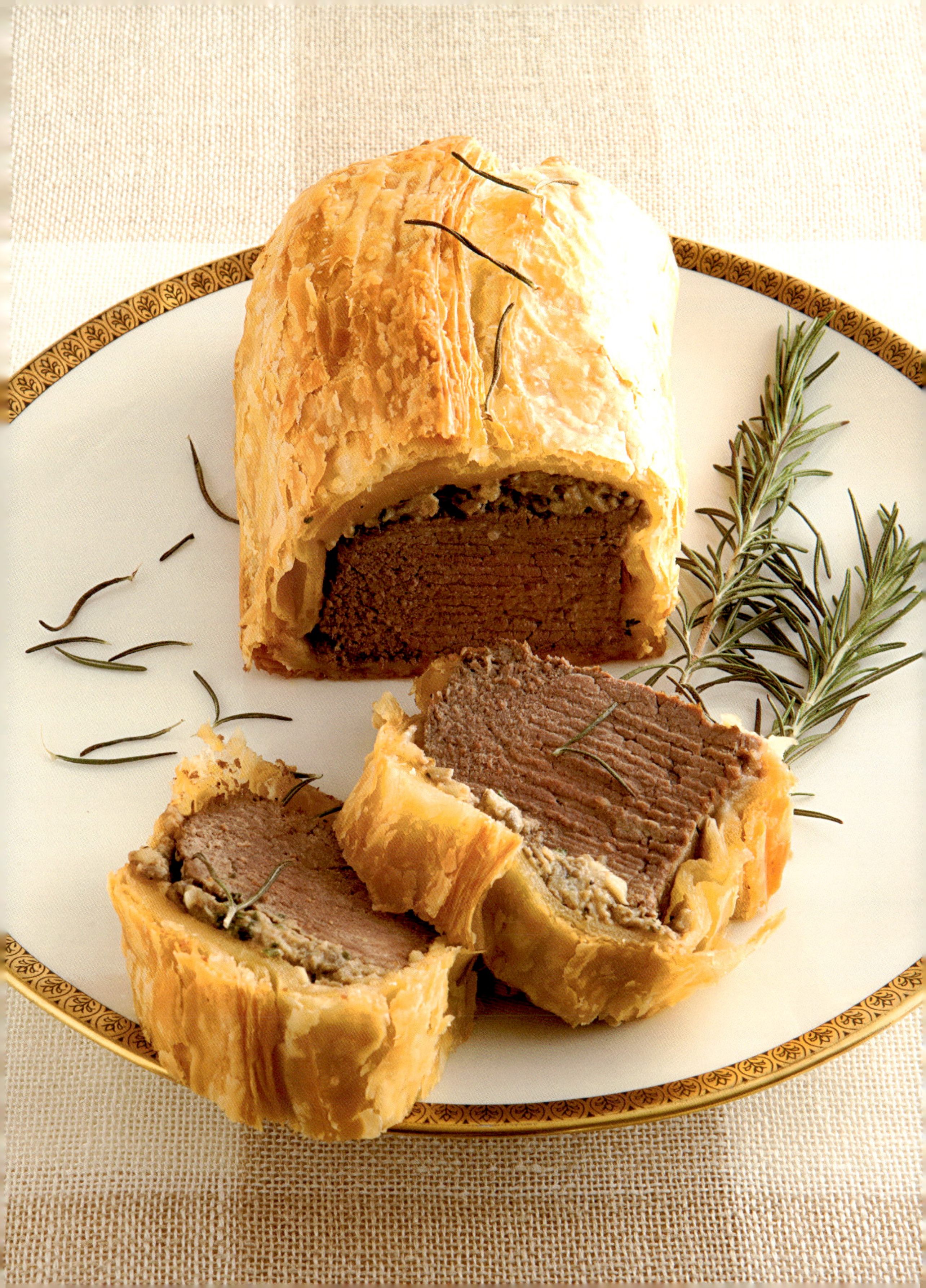

アメリカ

カントリーミートローフと芽キャベツのソテー
Country Meat Loaf with Sauteed Brussel Sprouts

スパイスとハーブをしっかり効かせて。ミートローフのおいしさを再発見。

材料（作りやすい分量）

[カントリーミートローフ]

合いびき肉	1kg
ベーコン（スライス）	6〜7枚
卵	2個
玉ねぎ（みじん切り）	1/2カップ
にんじん（みじん切り）	1/4カップ
セロリ（みじん切り）	1/4カップ
にんにく（みじん切り）	2片分
パセリ（みじん切り）	1/4カップ
バジル（みじん切り）	大さじ2
タイム（みじん切り）	小さじ1/2
クミンシード	小さじ1
ウスターソース	大さじ2
トマトケチャップ	大さじ3
パン粉	1カップ
バター	大さじ2
塩、胡椒	各小さじ1/2

[芽キャベツのソテー]

芽キャベツ	10個
にんにく（せん切り）	1片分
バター	大さじ1
塩	小さじ1/2

1 フライパンにバターを熱し、玉ねぎ、にんじん、セロリ、にんにくを入れて、火が通るまで炒める。火を止めて、あら熱をとる。

2 ボウルに1とベーコン以外の全部の材料を入れ、全体が均一になるまで手で混ぜる。粘り気が出るほど混ぜると、ミートローフが固くなるので、混ぜすぎないよう注意。

3 オーブンを180℃に予熱する。

4 肉を楕円形に成形し、クッキングペーパーを敷いたオーブン皿にのせる。

5 ミートローフの上部を覆うようにベーコンをはりつける。

6 180℃のオーブンで1時間ほど焼き、出てくる脂を、ときどき上から回しかける。竹串を刺して透明な肉汁が出てきたら焼き上がり。

7 オーブンから出して、あら熱がとれるまで休ませる。

8 芽キャベツのソテーをつくる。芽キャベツの根元に十字に軽く切り目を入れる。湯を沸かし、塩を入れて、芽キャベツを5分ゆでたら水気をきる。

9 フライパンにバターを熱し、にんにくと芽キャベツを入れて、さっとバターをからめる。

10 ミートローフを盛りつけ、芽キャベツのソテーを添える。お好みでローストアーモンドを刻んで散らす。

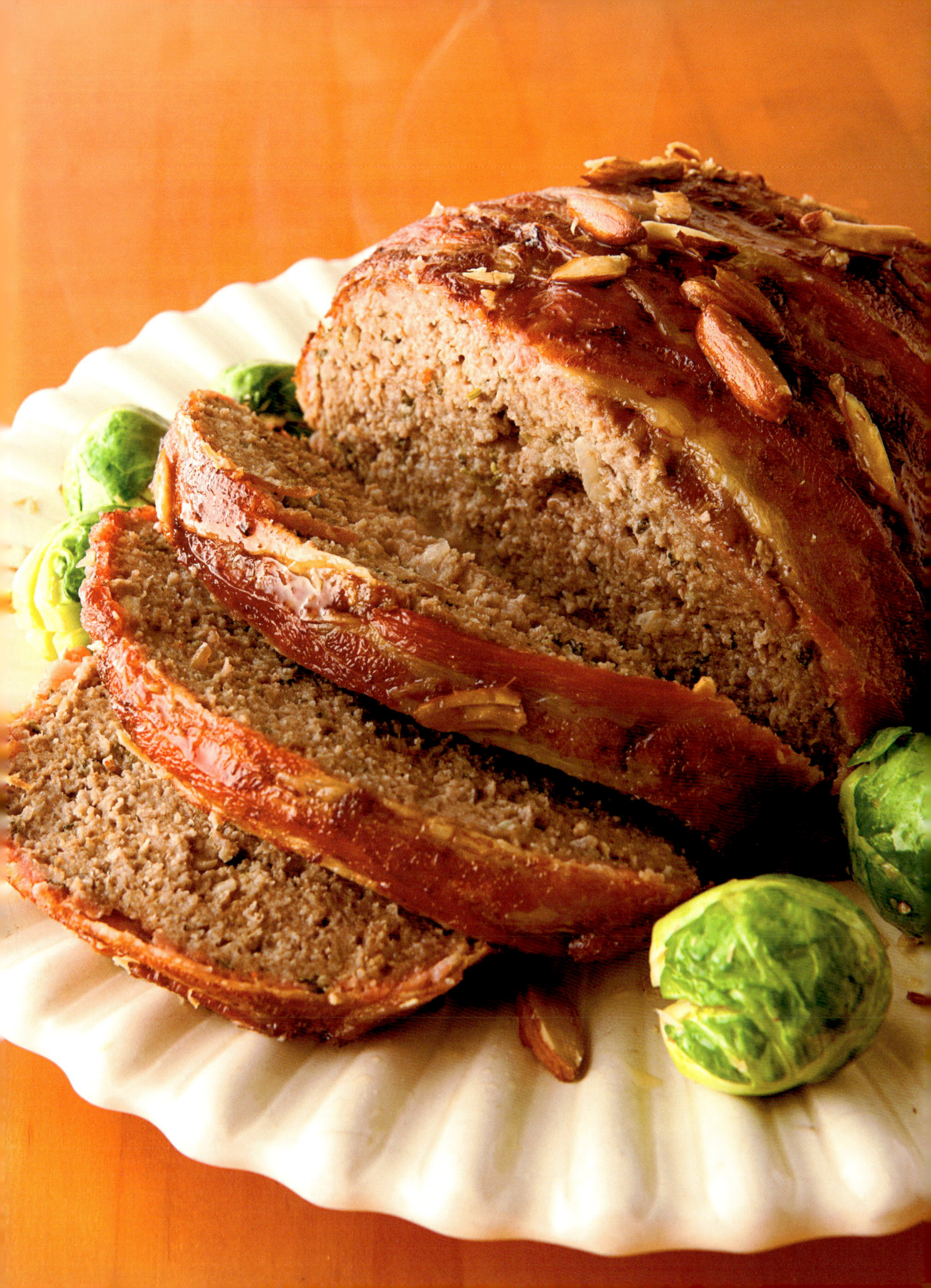

アメリカ

鶏とエビのジャンバラヤ
Chicken & Shrimp Jambalaya

肉と魚介、ダブルの旨味がしみ込んだご飯がおいしいジャンバラヤ。

材料（4人分）

鶏手羽元	4本
（塩、胡椒 各少々）	
エビ（ブラックタイガーなど）	12尾
インディカ米	1.5合
玉ねぎ（薄くスライス）	1個分
ピーマン（細切り）	2個分
にんにく（みじん切り）	2片分
長ねぎ（みじん切り）	1/2本分
タイムの葉（みじん切り）	小さじ2
トマト水煮缶（ダイスカット）	1缶（400g）
ホットチリソース	少々
小麦粉	1/4カップ
塩	小さじ1 1/2
胡椒	小さじ1/2
サラダ油	大さじ2
水	300ml
香菜（刻んだもの/飾り用）	適量

1 手羽元は骨に沿って数カ所に切れ目を入れ、塩、胡椒を振る。エビは尾を残して殻をむき、背わたを取り除いておく。

2 鍋にサラダ油を熱し、手羽元を入れて全面に焼き色をつけて取り出す。

3 同じ鍋に小麦粉を入れ、焦げないように弱火で手早く炒める。

4 小麦粉が薄いきつね色になったら、玉ねぎ、ピーマン、にんにくを入れて軽く混ぜ、タイム、トマト水煮を加えて、軽く煮込む。

5 米、エビ、ホットチリソース、塩、胡椒、水を加えてさっと混ぜ、ふたをして15分ほど弱火で米を炊く。この時点で、まだ米に芯が残っている場合は、少量の水を足して、芯がなくなるまで加熱する。

6 火を止めて5分蒸らしたら、長ねぎを混ぜる。

7 器に盛り全体に香菜を散らす。

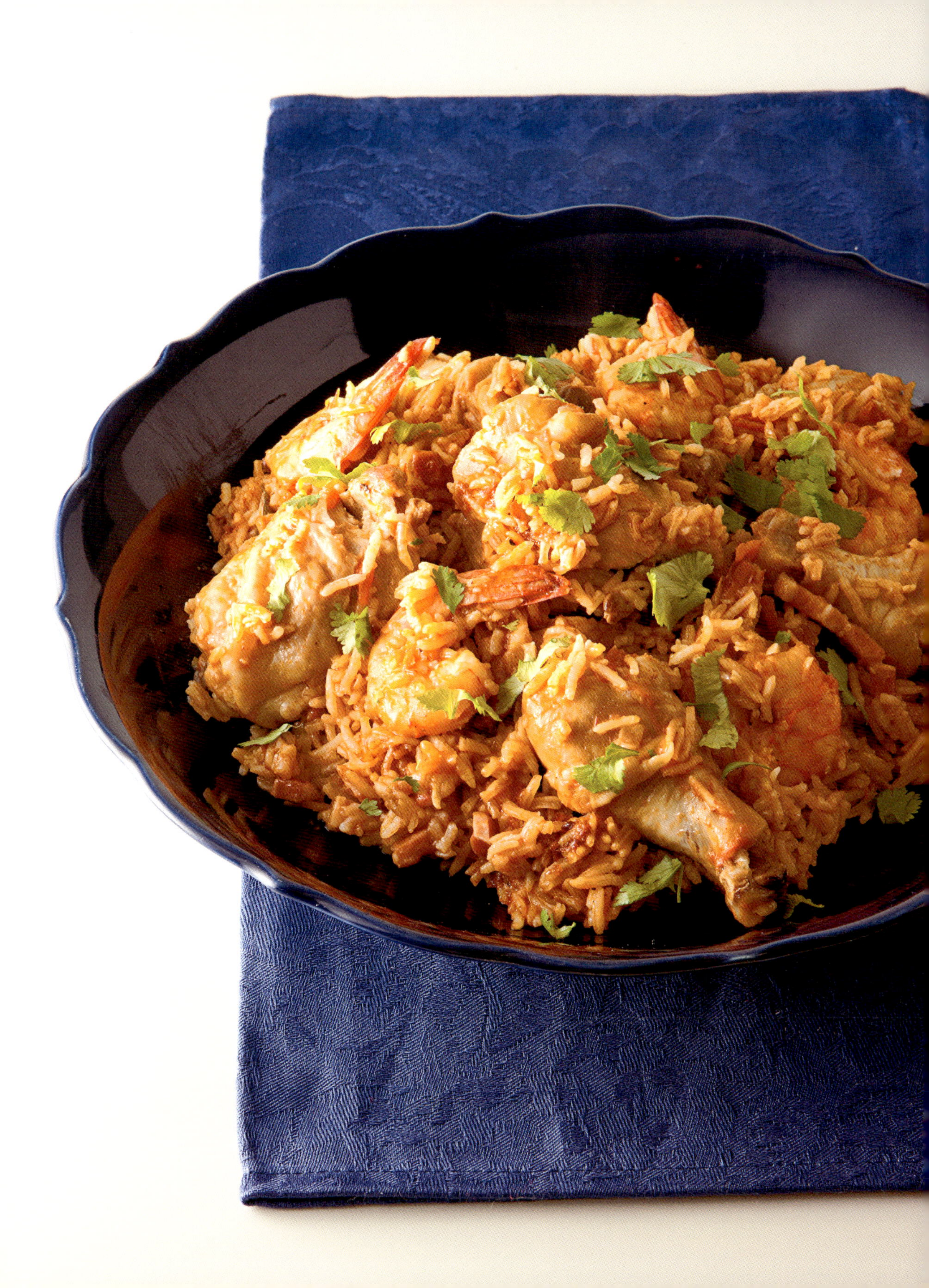

アメリカ

クラブケーキ Crab Cakes

カニの身と香味野菜を丸めて焼いたハンバーグ。アメリカでポピュラーな一品。

材料（8個分）

[パティ]

カニ（ほぐし身）	450g
長ねぎ（みじん切り）	1/3本分
セロリ（みじん切り）	1/4カップ
パセリ（みじん切り）	大さじ1
シナモンパウダー	少々
ナツメグパウダー	少々
マヨネーズ	大さじ2〜3
ウスターソース	小さじ1
卵	1個
生パン粉	1/2カップ
塩、胡椒	各小さじ1/4
サラダ油	大さじ2
レモン（輪切り）	1/2個分

1 ボウルに[パティ]の材料をすべて入れ、手でよく混ぜる。手のひら大の小判型にする。

2 フライパンにサラダ油を熱し、1を並べる。片面5分ずつ、中火でこんがり焼き色がつくまで焼く。

3 器に盛り、レモンを添える。

スモークサーモンのライスサラダ Rice & Smoked Salmon Salad

相性のいいサーモンとディルがたっぷり入ったライスサラダ。

材料

インディカ米	0.5合
（塩 少々、水100ml）	
スモークサーモン	150g
長ねぎ（薄い小口切り）	1本分
セロリ（白い部分/薄くスライス）	1/2本分
レーズン	大さじ2
ディル（刻んだもの）	大さじ1
┌ ディジョンマスタード	小さじ1/2
A レモン果汁	1/2個分
└ 塩、胡椒	各小さじ1/4
オリーブ油	大さじ2

1 米を軽く洗い、塩と水を入れて、炊飯器の通常コースで炊く。炊き上がったご飯は、ほぐしてあら熱をとる。

2 [A]の材料を混ぜ合わせたところにオリーブ油を少しずつ加えながらよく混ぜてドレッシングをつくる。

3 ボウルにスモークサーモン、長ねぎ、セロリ、レーズン、ご飯を入れて混ぜ合わせる。2のドレッシングとディル大さじ1/2を加え、全体を混ぜ合わせる。

4 塩、胡椒（分量外）で味を調えたら器に盛り、残りのディルを散らす。冷やさずに常温で食べる。

上から順に、[スモークサーモンのライスサラダ]、[クラブケーキ]

メキシコ

豚肉とパイナップルの炒め物 Sauteed Pork & Pineapple

豚とパイナップルの定番コンビ。メキシカンライスと一緒に楽しんで。

材料（4人分）

豚肩ロース肉（ブロック）	600g
（塩 小さじ1、胡椒 小さじ1/4）	
パイナップル（缶詰）	200g
玉ねぎ（みじん切り）	1個分
赤ピーマン（みじん切り）	1個分
青唐辛子（みじん切り）	1本分
ハラペーニョ（酢漬け/みじん切り）	1〜2本分
ミント（刻んだもの）	少々
パプリカパウダー	小さじ1/4
サラダ油	大さじ2
水	200ml
ミント（飾り用）	適量

ポイント 辛みを強くしたい場合は、パプリカパウダーをレッドチリパウダーに変える。

1 パイナップルは水気をきって一口大に切る。

2 豚肉は2cm角に切り、両面に塩、胡椒を振る。フライパンにサラダ油を熱し、肉の表面に焼き色をつけて取り出す。

3 同じフライパンに玉ねぎ、赤ピーマンを入れ、しんなりするまで炒める。青唐辛子、ハラペーニョ、パプリカを加え混ぜ合わせたら、肉を戻してふたをし、ごく弱火で5分ほど蒸し焼きにする。

4 パイナップル、ミント、水を加えたら、再びふたをして、豚肉が柔らかくなり、汁気がなくなるまで煮詰める。

5 器にメキシカンライス、リフライド・ビーンズと一緒に盛りつけ、ミントを飾る。お好みでハラペーニョを添える。

メキシカンライス Mexican Rice

トマトと一緒に炊き込んだご飯に、クミンが香るメキシコ料理の定番。

材料（4人分）

インディカ米	2合
玉ねぎ（みじん切り）	小1/2個分
A ┌ トマトペースト	大さじ1
│ チキンコンソメ（顆粒）	小さじ2
│ クミンパウダー	小さじ1/2
└ 塩	小さじ1/2
サラダ油	大さじ2
水	400ml

1 フライパンにサラダ油を熱し、玉ねぎが透き通るまで炒める。

2 米を加え、軽く炒めたら、[A]の材料と水を加えて、よく混ぜる。

3 ふたをして15分ほど弱火にかけ、米を炊き、火を止めて5分蒸らす。

4 炊き上がったら、全体をさっくり混ぜる。

［リフライド・ビーンズ］のレシピはP.91参照

左上から時計回りに、[リフライド・ビーンズ]、[メキシカンライス]、[豚肉とパイナップルの炒め物]

メキシコ

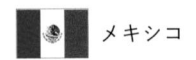

ファヒータと2種のソース
Fajitas with 2 Types of Sauces

牛肉をスパイスでマリネして焼いたものを、2種のディップと一緒にトルティーヤで巻いて。

材料（4人分）

[ファヒータ]

牛ハラミ（細切り）	350g
玉ねぎ（薄くスライス）	1個分
パプリカ（赤・黄、細切り）	各1個分
にんにく（みじん切り）	1片分
ライム果汁	大さじ1
┌ オレガノ（ドライ）	小さじ1/2
│ チリパウダー	小さじ1/2
A クミンパウダー	小さじ1/2
│ 粗びき赤唐辛子	小さじ1/2
└ 塩、胡椒	各小さじ1/2
トルティーヤ	8枚（20cm）
オリーブ油	大さじ2

[トマトサルサ]

トマト（角切り）	2個分
玉ねぎ（みじん切り）	1/2個分
ハラペーニョ（みじん切り）	1個分
青唐辛子（みじん切り）	1本分
香菜（刻んだもの）	1/2カップ
ライム果汁	1個分
塩、黒胡椒	各適量

[ワカモーレ]

アボカド	1個
トマト（刻んだもの）	1個分
青唐辛子（みじん切り）	1本分
玉ねぎ（みじん切り）	1/4個分
レモン果汁	1/2個分
香菜（刻んだもの）	大さじ2
塩	小さじ1/2

1 ファヒータをつくる。
 ボウルに、にんにく、ライム果汁、[A]の材料を入れて混ぜ、牛肉を入れて、よくもむ。

2 フライパンにオリーブ油を熱し、
 玉ねぎを入れて軽く炒める。
 パプリカを加えて、軽く塩胡椒（分量外）をし、
 全体に火が通るまで炒めて取り出す。

3 同じフライパンに1の牛肉を入れて火が通るまで炒め、
 2を戻して、さっと混ぜ合わせる。

4 2種のソースをつくる。
 [トマトサルサ]は材料すべてをボウルでよく混ぜ合わせる。
 [ワカモーレ]は、アボカドの果肉をボウルに取り出し
 レモン果汁を加え、マッシャーでつぶす。
 残りの材料をすべて加え、よく混ぜ合わせる。

5 トルティーヤは1枚ずつフライパンにのせ、
 両面を軽く温める。

6 ファヒータ、トルティーヤに2種のソースを添え、
 お好みでサワークリーム、ハラペーニョの酢漬けと
 一緒に巻いて食べる。

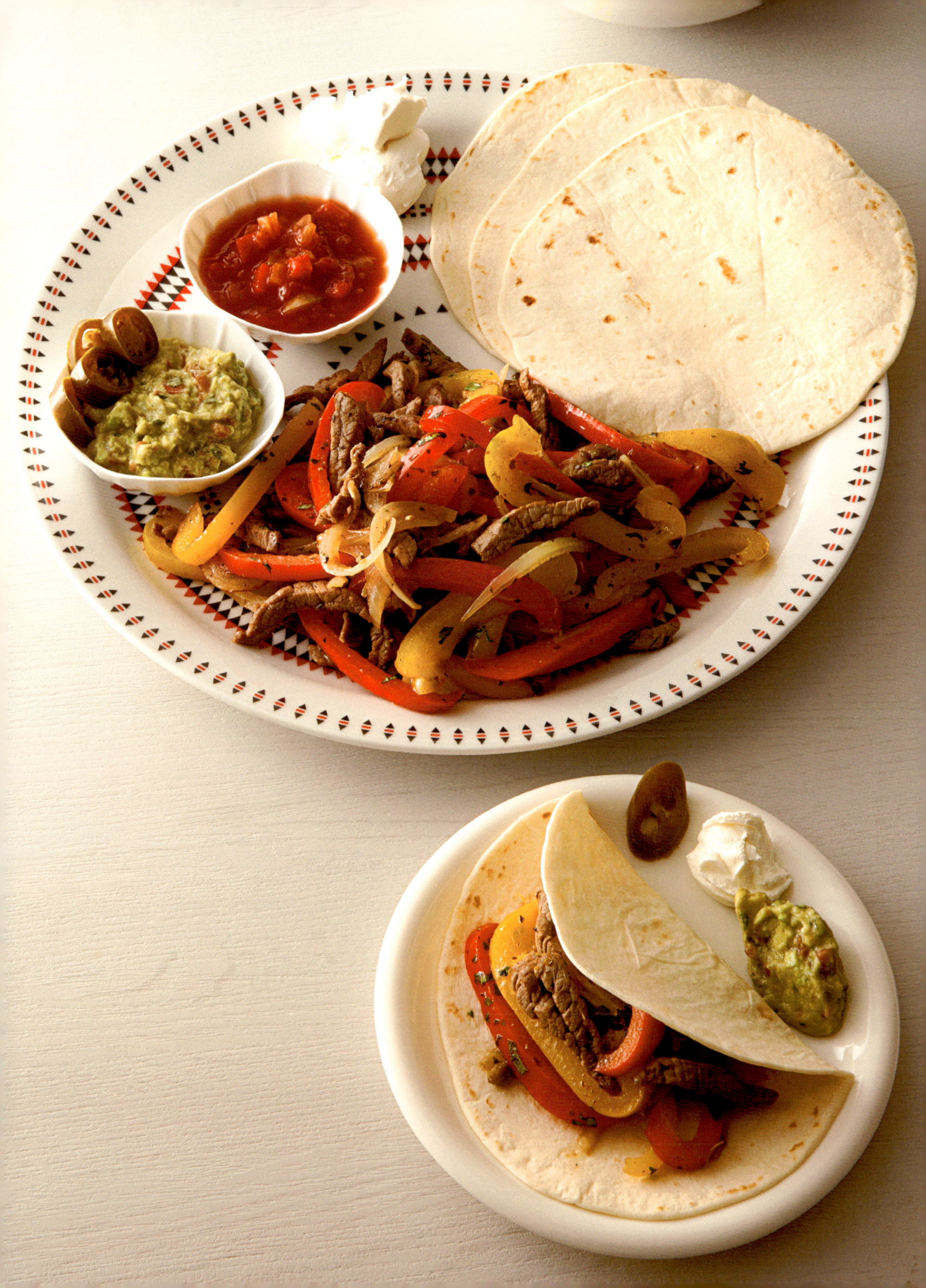

メキシコ

ピカディーヨ 焼きバナナ添え
Picadillo with Fried Plantains

ラテンアメリカで広く愛されている、スパイシーで具沢山な肉そぼろを焼きバナナと一緒に。

材料(4人分)

[ピカディーヨ]
牛ひき肉	600g
玉ねぎ(さいの目切り)	小1個分
ピーマン(さいの目切り)	1個分
トマト(湯むきして角切り)	2個分
にんにく(みじん切り)	2片分
赤唐辛子*(生/みじん切り)	1本分
ケイパー	大さじ3
A ┌ グリーンオリーブ(種なし/スライス)	1/2カップ
│ レーズン	1/2カップ
│ ベイリーフ	1枚
│ クミンパウダー	小さじ1/2
│ オレガノ	小さじ1/2
└ 米酢	大さじ1
塩	小さじ1
黒胡椒	小さじ1/2
オリーブ油	大さじ3

[焼バナナ]
バナナ	3本
バター	大さじ1

* 手に入らない場合は、乾燥の赤唐辛子の種を取り除いたもので代用。辛みをあまり出したくない場合は赤ピーマンで代用できる。

アレンジ　ピカディーヨは、ご飯と一緒に食べるほか、タコスの具にしたり、トルティーヤで巻いたりして食べてもおいしい。

1　ピカディーヨをつくる。
　　フライパンにオリーブ油を熱し、
　　玉ねぎ、ピーマン、にんにくを入れて、
　　玉ねぎが半透明になるまで炒める。

2　赤唐辛子を加えてさっと混ぜたら、
　　ひき肉を加え、火が通るまで炒める。

3　トマトと[A]の材料を入れたら、
　　水分が飛ぶまで炒める。

4　ケイパーを加え、塩、胡椒で味を調えたら、
　　混ぜるように軽く炒める。

5　焼きバナナをつくる。
　　バナナは皮をむき、長さを半分にしてから、
　　縦半分に切る。

6　フライパンにバターを熱し、バナナを並べ、
　　両面がきつね色になるまで焼いたら、油をきる。

7　器に、ピカディーヨ、焼きバナナ、
　　お好みで炊いたご飯を盛りつけ、一緒に食べる。

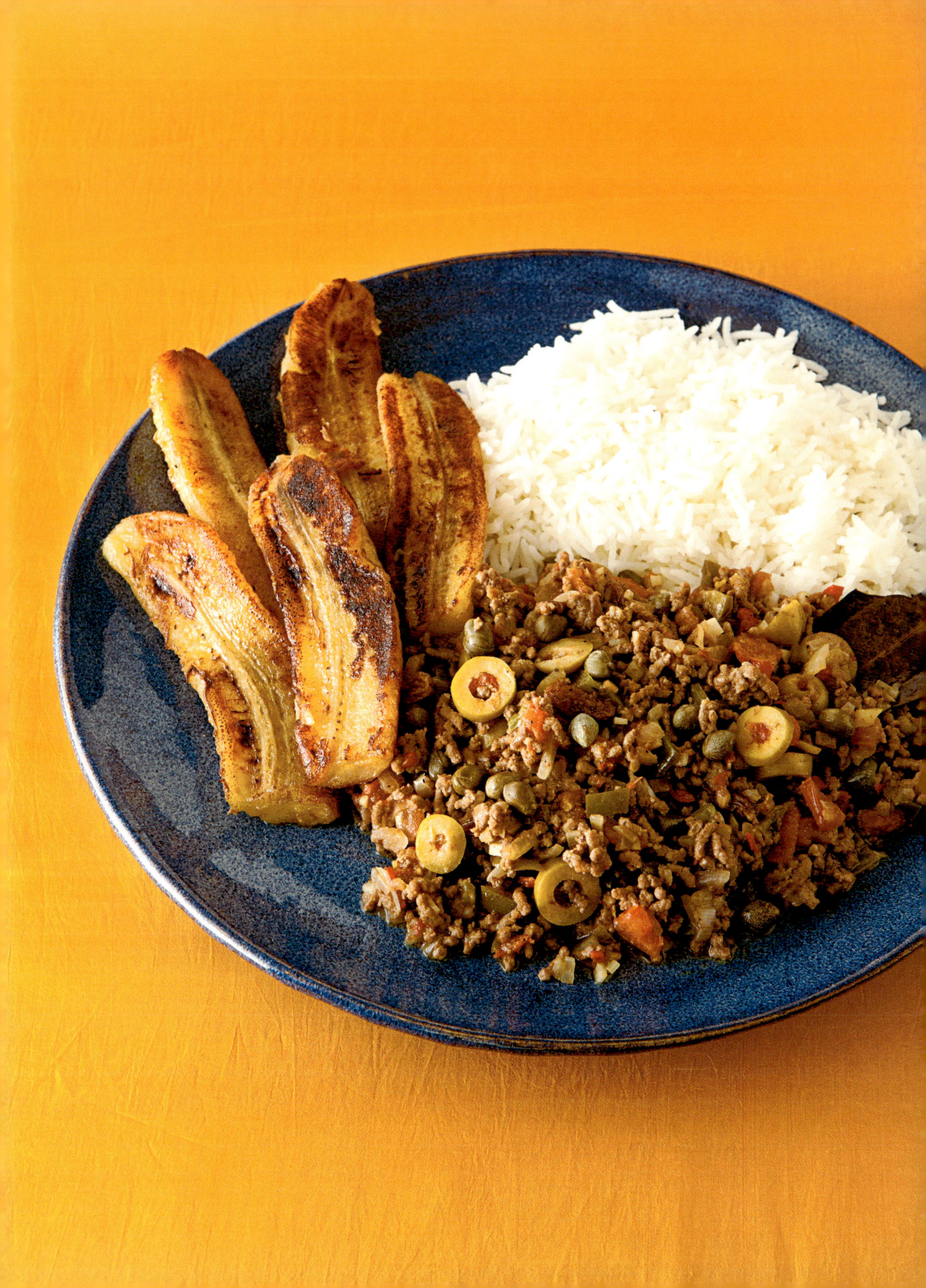

メキシコ

鯛のスパイシートマト煮 Spicy Red Snapper

ぴりっと辛いトマトソースで鯛を軽く煮込んだ一皿。レモンを搾ってさっぱりと。

材料（4人分）

小さめの鯛	4尾
玉ねぎ（みじん切り）	1個分
トマト（角切り）	2個分
赤唐辛子＊（生/みじん切り）	2本分
ターメリックパウダー	ひとつまみ
レモン	1½個
塩、胡椒	各適量
小麦粉	適量
揚げ油	適量
水	200mℓ

＊手に入らない場合は、乾燥の赤唐辛子の種を取り除いたもので代用。辛みをあまり出したくない場合は赤ピーマンで代用できる。

1. 鯛はうろこ、えら、はらわたを取り、よく洗って水気を取る。

2. 鯛の両面に塩小さじ2（分量外）、赤唐辛子をこすりつけ、レモン1個分の果汁を搾りかけて30分ほど浸ける。

3. 鯛の両面に小麦粉をはたく。フライパンに1～2cmの深さまで油を入れ180℃に熱し、魚を入れる。両面がカリッときつね色になるまで片面5分ずつ揚げ焼きして取り出す。

4. フライパンに大さじ2の油だけを残し、玉ねぎを入れて、しんなりするまで炒めたらトマトを加える。

5. ターメリック、塩、胡椒を加えて混ぜたら、水を加え、全体にとろみがつくまで煮詰める。

6. 鯛を戻し入れて5分間煮たら、裏返してさらに5分煮る。器に盛り、レモン½個をくし切りにして添える。

オクラのクレオール風 Okra Creole

オクラをはじめ、たっぷりの野菜を蒸して甘みを引き出した一品。

材料（4人分）

オクラ（6mm幅の輪切り）	12～16本分
玉ねぎ（薄くスライス）	1個分
ピーマン（1cmの角切り）	2個分
にんにく（みじん切り）	2片分
トマト（湯むきし、1cmの角切り）	2個分
コーン（缶詰/汁気をきったもの）	1カップ
レッドチリパウダー	小さじ1/4
レモン果汁	1/2個分
タバスコ	少々
塩	小さじ1/2
胡椒	少々
サラダ油	大さじ3

1. フライパンに油を熱し、玉ねぎ、ピーマン、にんにくを入れて、さっと炒める。

2. オクラを加えて混ぜ合わせ、ふたをし5分ほど弱火で蒸す。

3. トマトを加え、レッドチリパウダー、塩、胡椒で味をつける。

4. コーンを加えたら、弱火にしてふたをし、オクラが柔らかくなるまで5分ほどさらに蒸す。ときどきゆすってフライパンの底に焦げつかないように気をつける。

5. 器に盛り、レモン果汁、タバスコをかけ、お好みで刻んだ香菜を散らす。

上から順に、[オクラのクレオール風]、[鯛のスパイシートマト煮]

ほうれん草とうずら卵の炒めもの Stir-fried Spinach & Quail Eggs

P.20

日本でもお馴染みのほうれん草とうずら卵が、スパイスの魔法で一味違う炒め物に変身。

材料（4人分）

鶏ささみ	350g
ほうれん草	1把
うずら卵（水煮）	10個
にんにく（せん切り）	1片分
生姜（せん切り）	親指大1片分
赤唐辛子（生/細切り）	1本分
ターメリックパウダー	ひとつまみ
オイスターソース	大さじ1
砂糖	大さじ1/2
塩	適量
片栗粉	小さじ2
サラダ油	大さじ3
水	大さじ2

1 ささみは筋を取ってそぎ切りにする。ほうれん草は洗って根元を切り落とし、長さを4等分に切って水気をよくきる。

2 フライパンにサラダ油を熱し、ささみ、にんにく、生姜、赤唐辛子、ターメリックを入れて、ささみの色が変わるまで中火で炒める。

3 ほうれん草を加え、全体に油がまわるまで炒めたら、うずら卵を入れる。

4 オイスターソース、砂糖、塩、水を加えさっと混ぜたら、大さじ2の水で溶いた片栗粉を回し入れてとろみをつける。

レインボーサラダ Burmese Rainbow Salad

P.28

ミャンマーの屋台ご飯。屋台では、具とソースをお好みの分量で混ぜてもらう。

材料（4人分）

[インディカ米]

インディカ米[1]	2/3合
トマトピューレ	小さじ2
水	130ml

[具]

春雨（乾）	100g
じゃがいも	2個
にんじん（せん切り）	1/2本分
キャベツの葉（せん切り）	2枚分
皮つきピーナッツ	1/2カップ
干しエビ	1/2カップ

[ソース]

レッドチリパウダー	少々
タマリンドソース[2]	大さじ3
タヒニ[3]	小さじ2
ナムプラー	大さじ1 1/2
ピーナッツ油（サラダ油でも可）	大さじ1〜2

1 インディカ米はといで、トマトピューレと水を入れ、炊飯器の通常コースで炊く。

2 春雨は表示通りの時間でゆで、水きりし、適当な長さに切る。じゃがいもは皮をむき、ゆでてから1cm幅の輪切りにする。干しエビはミキサーで粉末状にする。

3 フライパンにサラダ油大さじ1（分量外）を熱し、ピーナッツを入れて、皮が赤くパリパリになるまで炒める。

4 ボウルにすべての材料を入れて手でよく混ぜ合わせ、器に盛る。お好みで香菜を上に飾る。

[1] インディカ米の中でも古米であるバスマティライスを使う場合は、水の分量を150mlにし、30分浸水させてから炊く。

[2] タマリンドソースはボウルにタマリンド20gを入れ、50mlのぬるま湯を加える。タマリンドを手でよくもんで、濃いエキスを抽出して別のボウルに移す。タマリンドに再び50mlのぬるま湯の加えてよくもんで薄いエキスを抽出し1回目のものと混ぜて使う。タマリンドペーストで代用する場合はペースト大さじ1を水、大さじ2で溶く。

[3] タヒニは中東の白胡麻ペーストで、輸入食材店などで手に入る。

パイナップルのチャツネ Pineapple Chutney *P.30*

インドの食卓に欠かせないチャツネは、さまざまな料理につけて食べられる万能ソース。

材料（作りやすい分量）

パイナップル（生／細かく刻む）	500g
にんにく（すりおろし）	2片分
生姜（すりおろし）	親指大2片分
ガラムマサラ	小さじ1/2
レッドチリパウダー（お好みで）	小さじ1
砂糖	大さじ1
米酢	100ml

1 鍋にすべての材料を入れて弱火にかけ、ときどき混ぜながら30分ほど煮詰める。

2 全体にとろみがつき、酢のにおいが消えたらでき上がり。冷蔵庫で2～3週間の保存が可能。

香菜とミントのチャツネ Coriander & Mint Chutney *P.32*

フレッシュなハーブの香りが楽しめる、鮮やかなグリーンのチャツネ。

材料（作りやすい分量）

香菜	2カップ
ミント	1カップ
生姜（みじん切り）	親指大1片分
青唐辛子（みじん切り）	2～3本分
レモン果汁	小さじ2～3
塩	小さじ1/2

1 香菜とミントは軸の部分を除き、すべての材料を一緒にミキサーにかけ、ペースト状にする。お好みでピーナッツを細かく砕いたものを入れてもいい。

ズッキーニのライタ Zucchini Raita *P.34*

カレーやご飯と一緒に食べる、さっぱりしたヨーグルトのサラダ。

材料（4人分）

ヨーグルト	400g
ズッキーニ	1本
青唐辛子	1本
クルミ	5～6個
塩	少々

アレンジ

ズッキーニは少量の水で蒸してもいい。また、ミントを刻んで入れてもおいしい。ズッキーニ以外にも、きゅうり、コーン、トマト、ほうれん草、バナナなど、さまざまな種類のライタがある。

1 ズッキーニは長さ5cmくらいのせん切りにする。青唐辛子はみじん切りに、クルミは細かく砕く。

2 ボウルに材料をすべて入れて混ぜる。食べる直前まで冷やしておく。器に盛り、お好みでガラムマサラとレッドチリパウダーを振りかける。

トマトのチャツネ Tomato Chutney

トマトの酸味と甘みが楽しめるチャツネ。サンドイッチにはさんでもおいしい。

材料（作りやすい分量）

トマト	1kg
にんにく（すりおろし）	3片分
生姜（すりおろし）	親指大2片分
ガラムマサラ	小さじ1/2
ターメリックパウダー	小さじ1/2
レッドチリパウダー	小さじ1/2〜1
米酢	100mℓ
砂糖	大さじ2
塩	少々

1 トマトは湯むきし、細かく刻んでからフォークでつぶす。

2 鍋にすべての材料を入れて弱火にかけて、混ぜながら煮詰め、酢のにおいが消え、とろみが出たらできあがり。お好みでレーズンを入れてもいい。

タヒニディップ Tahini Dip

濃厚なタヒニ（白胡麻ペースト）にさわやかなミントの組み合わせが楽しいディップ。

材料（作りやすい分量）

タヒニ	大さじ4
ミント（刻んだもの）	大さじ1
クミンパウダー	少々
ナツメグパウダー	少々
レッドチリパウダー	少々
レモン果汁	1個分
塩	適量

1 ボウルにタヒニとレモン果汁を入れて混ぜる。

2 残りすべての材料を加えたら、なめらかになるまでよく混ぜる。

トルコ風ポーチドエッグ Turkish Eggs on Spiced Yogurt

ヨーグルトソースにからまる半熟卵とセージバターのハーモニー。

材料（作りやすい分量）

卵	4個
セージの葉（生）	2〜3枚
レッドチリパウダー	小さじ1/2
パプリカパウダー	小さじ1/2
バター	大さじ2
米酢	大さじ2

[ヨーグルトソース]

プレーンヨーグルト	400g
にんにく（みじん切り）	2片分
塩	小さじ1/2
胡椒	少々

1 ボウルでヨーグルトソースの材料をすべて混ぜ、4等分して4つの器に盛る。

2 鍋にたっぷりの水と酢を入れて煮立たせる。スプーンでお湯をかき回し渦を作ったら、渦の中央に卵を1つ、ゆっくりと割り入れる。広がる白身を菜箸で中央に集めながら2〜3分間火を通す。卵を取り出して、水気を取る。これを全部で4個作り、1のヨーグルトソースの上にのせる。

3 小さめの鍋にバターを熱し、セージの葉、レッドチリパウダー、パプリカパウダーを入れて混ぜたら、熱々の状態で卵の上にかける。

ババガヌーシュ Babaganoush
P.42

トルコの定番ディップ。クラッカーやパンに塗れば、白ワインのおつまみにぴったり。

材料（作りやすい分量）

米なす	2個
A にんにく（すりおろし）	1片
ミント（刻んだもの）	大さじ1
クミンパウダー	小さじ1〜2
タヒニ*	大さじ3
レモン果汁	1/2個分
塩、胡椒	各少々
オリーブ油	大さじ2

＊タヒニは中東の白胡麻ペースト。輸入食材店などで手に入る。

1 なすにオリーブ油を塗り、直火で皮が黒くなるまで焼いたら、熱いうちに皮をむく。

2 ボウルに入れて、フォークでよくつぶし、[A]の材料を加えてよく混ぜ、塩、胡椒で味を調える。

スイカとフェタチーズのサラダ Watermelon & Feta Cheese Salad
P.44

暑い日にピッタリのサラダ。スイカとフェタチーズの組み合わせは一度食べたら忘れられない味。

材料（4人分）

フェタチーズ（1cmの角切り）	150g
スイカ（種を取って一口大に切る）	1/8個分
カボチャの種	大さじ2
ひまわりの種	大さじ2
ブラックオリーブ（種なし/スライス）	10個分
A レモン果汁	1/2個分
白ワインビネガー	小さじ1
オリーブ油	大さじ3
タイムの葉（生/みじん切り）	2枝分
クミンパウダー	小さじ1/4
パプリカパウダー	小さじ1/4

1 ボウルで[A]の材料を混ぜ合わせてドレッシングを作る。

2 1にパプリカ以外の材料をすべて入れて、あえる。

3 器に盛り、パプリカを振りかける。

スパイシービーンディップ Spicy Bean Dip
P.52

ピリッと辛いスパイスとレモンの酸味がきいたディップ。パンやクラッカーにつけて。

材料（作りやすい分量）

レッドキドニービーンズ（水煮缶詰）	1缶（400g）
にんにく（みじん切り）	1片分
青唐辛子（みじん切り）	1本分
カイエンペッパー	小さじ1/2
クミンパウダー	小さじ1/2
パプリカパウダー	小さじ1/2
レモン果汁	1/4〜1/2個分
塩	小さじ1/2
オリーブ油	大さじ2

1 レッドキドニービーンズをよく洗い、水気をきる。

2 材料をすべて、フードプロセッサーにかけてペースト状にする。

P.58 なすとレモン、ケイパーのサラダ Eggplant, Lemon & Caper Salad

ソテーして甘みを引き出したなすに、さわやかなレモン、ケイパーを合わせたサラダ。

材料（4人分）

なす（2cmの角切り）	2個分
にんにく（つぶす）	1片分
レモン（国産）	1/2個
ケイパー	大さじ2
グリーンオリーブ（種無し）	12個
オレガノ（ドライ）	小さじ1/2
イタリアンパセリ（刻んだもの）	大さじ2
塩、胡椒	各適量
オリーブ油	大さじ4

1 レモンは皮をすりおろし、搾って果汁を取っておく。

2 フライパンにオリーブ油を熱し、なす、にんにくを入れて炒める。塩少々とオレガノを加え、なすが柔らかく、焼き色がつくまで炒めたら、キッチンペーパーの上に取り出す。

3 ボウルに2、レモンの皮、レモン果汁、ケイパー、オリーブ、パセリを加え、塩、胡椒で味つけする。温かいままでも、冷めてから食べてもいい。

P.60 米なすの詰め物 Stuffed Eggplants

米なすにじゃがいものフィリングを詰め込んだ、肉なしでもボリュームたっぷりの一品。

材料（4人分）

米なす	2個
じゃがいも	2個
玉ねぎ（みじん切り）	1個分
にんにく（みじん切り）	1片分
卵	1個
粉チーズ	大さじ4
A シナモンパウダー	小さじ1/4
ナツメグパウダー	ひとつまみ
パプリカパウダー	小さじ1/4
塩	小さじ1/2
黒胡椒	少々
パン粉	大さじ1
オリーブ油	大さじ2

1 じゃがいもはゆでて、皮をむきマッシャーでつぶす。オーブンは190℃に予熱する。

2 鍋にたっぷりの湯（分量外）を沸かし、なすを丸ごと入れたら、全体に均等に熱が通るよう、くるくると回しながら5分ゆでる。

3 なすを縦半分に切り、スプーンを使って、実の部分を厚さ3mm程度だけ残し、すくい出す。すくい出した実はざく切りにする。

4 フライパンに油を熱し、玉ねぎを入れて、透き通るまで炒める。にんにく、なすの実を加え、なすに火が通るまで炒める。

5 ボウルに1のじゃがいも、4、溶いた卵、粉チーズ大さじ3、[A]の材料を入れ、全体をよく混ぜる。

6 なすの皮に5を1/4ずつ詰めて、上からパン粉、粉チーズの残りをかける。

7 オーブン皿にオリーブ油（分量外）を塗り、皮を下にしてなすを並べる。表面がきつね色になるまで190℃で20〜30分焼く。

セロリとスティルトンチーズのスープ Celery & Stilton Soup

P.68

セロリとブルーチーズ、2つの個性が溶け合った大人のスープ。

材料（4人分）

セロリ（白い部分）	2本分
ブルースティルトンチーズ*	50g
じゃがいも	1個
玉ねぎ	1個
生クリーム	100㎖
塩、胡椒	各適量
バター	25g
水	400㎖

＊イギリス原産の香りの強い青カビチーズ。手に入らない場合はゴルゴンゾーラやロックフォールなどの青カビチーズでも代用できる。

アレンジ

生クリームの代わりに牛乳200㎖にすると、さらっとしたスープになる。
セロリの葉をみじん切りにして白い部分と一緒に炒めてもいい。

1 セロリは薄くスライス、じゃがいもは皮をむいて細かいさいの目切りにする。玉ねぎはみじん切りにする。

2 鍋にバターを熱し、玉ねぎを入れる。しんなりするまで5分ほど炒める。

3 じゃがいも、セロリを加え、さらに5分炒めたら水を入れる。

4 ふたをして弱火にし、野菜に火が通るまで煮る。

5 火を止めて、あら熱が取れたら、なめらかになるまでミキサーにかける。

6 鍋に戻してごく弱火で温めたら、チーズを割り入れ溶かす。

7 味をみて、塩、胡椒を加えたら火を消し、生クリームを入れて混ぜる。

リフライド・ビーンズ Refried Beans

P.78

メキシコ料理に欠かせない、つけ合わせの豆ペースト。

材料

レッドキドニービーンズ（乾燥）	1カップ
玉ねぎ（みじん切り）	小1個分
にんにく（みじん切り）	2片分
クミンパウダー	小さじ1/4
オリーブ油	大さじ2
塩、胡椒	各少々

ポイント

レッドキドニービーンズは缶詰でもいい。その際は缶から取り出した豆をよく洗い、水気をきって使う。温め直すときは水を少々加えるといい。メキシコでは、うずら豆（ピントビーンズ）を使うが、お好みの豆でいい。

1 豆は水洗いし、たっぷりの水に一晩浸して水気をきる。鍋にたっぷりの水を入れ、柔らかくなるまで1時間ほどゆでて、水気をきる。

2 フライパンにオリーブ油を熱し、玉ねぎ、にんにく、クミン、1の豆を入れたら、材料がかぶるくらいの水（分量外）を入れ、ふたをして30分煮る。

3 ふたを取り、水気を飛ばしながら、豆が簡単につぶれるほど柔らかくなるまで煮込む。底が焦げつきやすいので、ときどき少量の水（分量外）を足して底から混ぜる。

4 塩、胡椒を加え、マッシャーでつぶしてよく混ぜる。

スパイス料理の名脇役

豆　豆は昔からさまざまな国で使われていました。
豆は健康的で消化も早く栄養豊富、脂質をほぼ含まないのでダイエットにも適した食材です。
大豆を始めとする日本で流通している豆の他にも、世界中にはさまざまな種類の豆が存在します。
スパイス料理と相性のいい豆を紹介しましょう。

1 緑豆
ムング豆とも呼ばれ、繊維が多く、調理も簡単なのが特徴です。もやしは緑豆を発芽させたものです。

2 ヒヨコ豆（ガルバンゾ）
世界的にもポピュラーなこの豆は、カレーやディップ、サラダなど各国でさまざまな料理の材料になっています。

3 レッドキドニービーンズ
チリコンカンやタコスなど南米料理で知られている豆ですが、スープや煮込み料理など世界中で使われています。

4 レンズ豆
アジアを始め、ヨーロッパやアメリカでも広く使われている豆です。サラダやスープ、カレーなどさまざまな料理で使えます。

5 大豆
日本において大豆は、醤油や味噌などの調味料をはじめ、さまざまな形に加工され、利用されています。日本だけでなく世界中で栽培され、各国の食生活を支えている豆です。

ドライフルーツ

日本でも大人気のドライフルーツですが、
その歴史はとても長いです。
昔は砂糖の代わりに料理やパン、デザートにも
使われていました。食物繊維が多く、
ビタミンや栄養素も豊富で自然の甘さが特徴で、
栄養補給にもぴったりです。しかし、最近では
砂糖でコーティングしたものも多く売られていますので、
表示をよく見て、素材だけで作られているものを
買うようにしましょう。

ナッツ&シード

古代からナッツは命の実と呼ばれていました。
アジアや中近東のおもてなし料理に欠かせません。
プロテイン、繊維、ビタミン、ミネラルが豊富で
体のバランスを整える働きがあり、間食にぴったりですが、
油分も多く含んでいるので食べすぎには要注意。
1日片手で一握りの量（約30g）が目安です。

また、胡麻やカボチャの種、ひまわりの種など、
シード類は小さいけれど、プロテイン、繊維、鉄分、
ビタミン、オメガ3などの栄養が豊富です。
火を通さず生で食べるのが一番です。
サラダや炒め物の仕上げにさっと混ぜて
使えばいいですね。
シードの中でも胡麻は古代から使われていて、
中近東では胡麻から作ったペースト（タヒニ）を、
料理によく使います。

米　世界の人口の半分は米を主食にしています。各国にさまざまな種類の米がありますが、ここでは本書にもよく登場したインディカ米（Long grain rice）と、日本で食べられているジャポニカ米（Short grain rice）を比較しながらご紹介します。

インディカ米は長粒種で、世界の米の80％がこの種類です。
インディカ米の中でも日本でよく知られているのがタイで生産されるジャスミンライスと、
インド・パキスタンで生産されるバスマティライスではないでしょうか。
これらはインディカ米の中でも特に香りがいい高級米として知られています。
どちらも炊き上がりはジャポニカ米に比べてパラパラな仕上がりになります。

本書では、インディカ米を炊飯器で炊く方法をご紹介しましたが、インディカ米を食べる国々では
米を大量の湯で茹で、水をきってから蒸らして炊く「湯取り法」が主流です。
米はその国の宝です。その国の料理に合わせて種類や炊き方を選ぶといいでしょう。

スパイス料理のQ&A

Q 子ども達にスパイスを食べさせても大丈夫ですか?

A 日本では、スパイスは刺激的というイメージからか、
子どもや妊婦さんが食べるのを控える傾向にあるようですね。
ですがスパイスは体を浄化し健康にもいいものです。
唐辛子だけは控えめにすべきですが、それ以外のスパイスは子どもも楽しめるものです。
また、子どもはもちろん、老若男女問わず食べてもらいたいですね。
私の家では、子どもが小さいころからパンケーキにナツメグを入れたり、
トマトソースにターメリックを効かせたり、メープルシロップにシナモンパウダーを混ぜたりして、
日々の料理にスパイスを取り入れてきました。

Q 日本料理でもスパイスやハーブを取り入れられますか?

A 日本でも山椒、わさび、しそ、三つ葉など、スパイスやハーブを使いますよね。
私の家ではそれ以外にも、煮物にシナモンスティック、黒胡椒などを
ホールのまま入れて煮込みます。
こうすると味は変わりませんが、スパイスの効能を取り入れることができます。
他にも消化器官が弱っているときは味噌汁の中に生姜のスライスを入れたり、
風邪気味のときには、ご飯を炊くときに殺菌効果のあるターメリックを入れて炊いたりします。
冬場には黒胡椒を粒で入れて炊くと体の芯から温まるので、これもおすすめです。

Q スパイスの分量はきっちり計らなくてはいけないのですか?

A 日本のお母さんが「醤油をひとまわし」「みりんはどぼどぼ」「油をたら〜っと」と
言って量を表すように、インドのお母さんも「ターメリックひとつまみ、コリアンダーはふたつまみ」
などと言います。私の母に、「スプーンでどの位の量のスパイスを入れたらいいのか」と聞くと、
「自分で試してみて決めなさい」と言われたことを思い出します。
スパイスは少ないと味が薄くなる、多いと味が濃くなる、たったこれだけです。
ですので、この本に表示されている分量を参考にしながら、
自分で何度も作って、自分なりの味を見付けられたらいいですね。

Q 市販のカレーを本格的なスパイスカレーにアレンジできますか？

A できます。フライパンにサラダ油大さじ1とみじん切りにした玉ねぎ1個を入れて、
薄いきつね色になるまで炒めます。
そこにターメリック小さじ1/2、コリアンダーパウダー小さじ1、クミンパウダー小さじ1、
レッドチリパウダー小さじ1/4、ガラムマサラ小さじ1/4を加えてさっと炒めます。
そこにお好みで大さじ1のトマトピューレを混ぜたものを、市販のカレーに加えます。
盛りつけて、仕上げに刻んだ香菜を散らせば
大人も楽しめる本格的なスパイスカレーに変身しますよ。
また、日本では翌日のカレーがおいしいとよく言われていますが、
スパイスは生き物ですので、できるだけ作ったその日にカレーを食べきりましょう。

Q スパイスカレーの基本のルーの作り方を教えてください。

A 鍋にサラダ油大さじ1を入れて、お好みの粒のスパイス
（カルダモン、黒胡椒、ローリエ、赤唐辛子、シナモンスティックなど）を入れて炒め、
香りが出てきたら、ターメリック小さじ1、コリアンダーパウダー小さじ2、クミンパウダー小さじ2、
レッドチリパウダー（お好みで）などの粉のスパイスを入れて炒めてルーをつくります。
別の鍋でお好みの野菜、肉を入れて炒め、表面に火が通ったら、
角切りにしたトマト2個を入れます。具材が柔らかくなったらルーを加えて煮込み、できあがりです。
インドではカレーを食べるときに香菜を散らし、レモンを搾りかけながら食べます。
ぜひお好みの具材でオリジナルカレーを作ってみてくださいね。

Q スパイスはどうやって保存したらいいですか？

A スパイスはできるだけ直射日光の当たらない涼しい場所で保存しましょう。
長い間使わないときには冷蔵庫に保存します。
粒のスパイスは賞味期限を気にする必要はありませんが、粉のスパイスは少量を買って
早めに使い切りましょう。また粉スパイスには湿気が入らないように注意してください。

世界のスパイス&ハーブ料理

各国の食卓を再現するおいしいレシピ集

2014年8月1日 初版発行

著　　　者	ミラ・メータ
編　　　集	松島 彩
撮　　　影	榎本 修
デ ザ イ ン	石田通子
校　　　正	久満 光、有限会社 共同制作社
編 集 協 力	牧 佐江子
印刷・製本	株式会社 廣済堂

発 行 人　　裵 正烈

発　　行　　株式会社HANA
　　　　　　〒102-0071 東京都千代田区富士見1-11-23
　　　　　　TEL：03-6909-9380　FAX：03-6909-9388
　　　　　　E-mail：info@hanapress.com

発　　売　　株式会社インプレス
　　　　　　〒102-0075 東京都千代田区三番町20番地
　　　　　　TEL：03-5275-2442

ISBN978-4-8443-7643-9 C2077 ⓒHANA 2014 Printed in Japan

［ 本の内容に関するお問い合わせ先 ］
　HANA書籍編集部
　　TEL：03-6909-9380　FAX：03-6909-9388

［ 乱丁本・落丁本の取り替えに関するお問い合わせ先 ］
　インプレス カスタマーセンター
　　TEL：03-5275-9051　FAX：03-5275-2443